KB266355

참 영원한
성자들의
크신 사랑

참 영원한 성자들의 크신 사랑

1판 1쇄 인쇄 2026. 4. 10.
1판 1쇄 발행 2026. 4. 24.

지은이 김원수
본문 일러스트 임아랑

발행인 박강휘
편집 정연주 | 디자인 이경희 | 마케팅 김민준 | 홍보 이아연
발행처 김영사
등록 1979년 5월 17일 (제406-2003-036호)
주소 경기도 파주시 문발로 197(문발동) 우편번호 10881
전화 마케팅부 031)955-3100, 편집부 031)955-3200 | 팩스 031)955-3111

값은 뒤표지에 있습니다.
ISBN 979-11-7332-596-0 03220

홈페이지 www.gimmyoung.com   블로그 blog.naver.com/gybook
인스타그램 instagram.com/gimmyoung   이메일 bestbook@gimmyoung.com

좋은 독자가 좋은 책을 만듭니다.
김영사는 독자 여러분의 의견에 항상 귀 기울이고 있습니다.

참 영원한
성자들의
크신 사랑

김원수 지음

김영사

차

례

최의식 선생님을 처음 뵌 것은 1990년 무렵이었습니다. 그 후 선생님께서 아흔여덟을 일기로 세상을 떠나실 때까지, 20여 년 동안 매월 한두 차례씩 뵐 수 있었습니다. 뵈면 뵐수록 선생님을 참으로 위대하고도 대단한 분으로 깊이 존경하게 되었습니다. 그는 내가 알았던 한국의 어떤 위인 못지않게 위대해 보였고, 책에서 읽었던 어떤 성자 못지않은 훌륭한 성자로 보였습니다.

어떤 점이 그를 위인으로 보이게 하였으며, 어떤 이유로 그가 성자처럼 보이게 되었을까요?

무엇보다 그는 허물을 전혀 발견하기 어려운, 진실한 도덕군자였습니다. 불교에서는 오계五戒만 잘 지켜도 내생에 극락세계에 태어나고, 잘하면 금생에 견성성불見性成佛도 할 수 있다고 합니다. 오계는 불자로서 꼭 지켜야 할 다섯 가지 덕목으로, 불살생不殺生(산목숨을 죽이지 말라), 불투도不偸盜(도둑질하지 말라), 불사음不邪淫(삿된 음행하지 말라), 불망어不妄語(거짓말하지 말라), 불음주不飮酒(술 마시지 말라)를 말합니다.

그는 태어나 성인이 되고 노년에 이르기까지, 깨어 있는 순간은 물론 꿈속에서도, 몸은 물론 마음속으로도 일체 불살생, 불투도, 불사음, 불망어, 불음주를 실천했다고 합니다.

즉, 일체 남의 흉을 보지 않았으며, 남의 물건이나 여자를 내 것으로 하려는 마음을 추호도 내지 않았습니다. 일생 단 한 번의 거짓말도 하지 않았고, 사회생활을 하며 피하기 어려운 술자리에서 단 한 잔의 술도 입에 대지 않았습니다. 그러나 이러한 다섯 가지 덕목을 잘 지켰다고 반드시 위인이요 성자라 할 수는 없을 것입니다. 그런 분은 세상에서 종종 볼 수 있을지도 모릅니다.

그는 이러한 덕목 외에도 다른 사람이 도저히 따라 할 수 없는 내공을 쌓았기에, 나는 그를 위인이며 성자라 말하는 것입니다.

공자께서 《논어》의 첫머리에 이렇게 말씀하셨습니다.

인부지불온人不知不慍하면, 불역군자호不亦君子乎아.
다른 사람들이 나를 알아주지 아니하여도 성내지 않을 수 있다면, 어찌 군자가 아니라 하리오.

최 선생님은 학교에서 공부를 하든, 직장에서 직무를 수행하든, 무슨 일을 하여도 칭찬이나 주목을 받기 위해 하지 않았습니다. 이름을 드러낼 만한 강연을 다 사양하고, 저술도 모두 피하였습니다. 그는 평생 무엇을 이루어도 드러내지 않는 삶을 살았습니다. 아무도 알아주지 않는다 해도 성낼 일이 없었습니다.

명문가의 장남으로 태어나 중학교부터 대학까지 일본에서 유학하였으나, 한 번도 그것을 자랑하지 않았습니다. 귀족 자제들만 다니는 명문 중학교에서 유일한 조선인으로 5년 내내 수석을 하여 전액 장학금을 받았지만, 그마저도 자랑스럽게 말한 적이 없었습니다.

더구나 불세출의 도인 백성욱 박사님을 모시고 오랫동안 수행하며 깊은 깨달음을 얻었으나, 단 한 번도 자신을 과시하는 티를 내지 않았고 누구를 가르치려 하지도 않았습니다. 늘 하심下心하여 사람을 대하며 모든 사람을 부처님처럼 보려고 노력했습니다. 조카에게도 늘 존칭을 쓰고, 부인께는 '선생님, 선생님' 하며 마치 부처님을 모시듯 정성으로 대하였습니다. 복잡한 전철 안에서 발을 밟혀도 짜증을 내기는커녕, 오히려 "죄송합니다. 제가 실수로 발을 그곳에 잘못 놓았습니다"라며 먼저 사과할 정도로 그는 진심嗔心(성내는 마음)을 잘 닦은 사람이었습니다.

그러나 무엇보다 그를 위인이요 성자로 볼 수 있는 점

은 따로 있습니다. 훌륭한 스승을 만나 일심一心으로 수도修道한 결과, 세상에 모르는 일이 하나도 없는 대단한 경지에 이르렀고, 자신이 세상을 떠날 날까지 수개월 전에 이미 예견하였습니다. 그럼에도 결코 도사導師로 자처하거나 특별한 티를 내지 않았다는 사실입니다. 그는 나옹 스님(1320~1376)의 시구처럼, 정말 티 없이 이 세상을 살다 갔습니다.

> 청산은 나를 보고 말없이 살라 하고
> 창공은 나를 보고 티 없이 살라 하네.
> 사랑도 벗어놓고 미움도 벗어놓고
> 물같이 바람같이 살다가 가라 하네.

최 선생님은 어렸을 때는 위인도 성자도 아니었습니다.

범부凡夫였던 그가 성자로 변할 수 있었던 원동력은 무엇일까요?

그것은 바로 위대한 스승과의 만남입니다. 더 정확히 말씀드리면, '위대한 스승의 힘'이 그를 완전히 변화시킨 것입니다.

'위대한 성공의 길에는 밝은 스승의 도움이 필요하다'는 말에 누구나 공감할 것입니다. 어리석었던 어린 시절 나는 스승이 제자를 찾아서 큰 성공을 이루게 하는 것이 아니라, 제자가 타고난 혜안慧眼과 하늘이 감동하는 노력으로 밝은 스승을 만나고, 열심히 노력하여 성공하는 것이라 생각했습니다.

《금강경》을 공부한 지 어언 50년, 이제야 범부의 껍질을 벗어나 '밝은 스승'이란 어떤 존재인가를 어렴풋이 파악하게 되었습니다. 이제 오직 스승의 밝은 지혜와 능력으로 제자가 제도濟度되는 것이지, 제자 스스로의 노력으로는 밝은 스승을 알아볼 수 없고, 따라서 큰 성공을 이룰 수 없다는 사실을 확실히 알게 되었습니다. 왜냐하면 밝은 스승은 세상의 이치를 두루 알고 무소불위無所不爲의 능력을 지닌 분이기에 인연 있는 제자가 어디에 있는지 다 알며 제자의 마음을 움직이는 능력도 있지만, 제자는 밝은 스승을 알아볼 혜안이 없기에 아무리 하늘이 감동하는 노력을 하여도 밝은 스승을 알 수도, 만날 수도 없기 때문입니다.

어렸을 때는 평범한 범부였던 그가 위인이요 성자처럼 바뀔 수 있었던 배경에는 밝은 스승의 '운 좋은 부름'을 맞이하는 행운이 있었다고 생각합니다.

속 좁은 범부를 속이 넓은 성자로 성공적으로 바뀌게 하는 수행 기록이 있을까요?

만약 그런 수행 기록이 있다면, 수행자들에게 매우 귀중한 자료가 될 것임이 틀림없습니다. 세상에는 성공하는 법, 부자가 되는 법, 깨달음을 얻는 법 등을 다룬 책은 많습니다. 그러나 범부가 구체적으로 어떤 가르침과 수행을 통해 성자로 거듭나는지를 보여주는 책은 거의 없습니다.

나는 온갖 정성과 지혜를 다하여, 범부인 최의식이 성자 최의식으로 변해가는 과정을 그려보고자 합니다. 많은 수행자가 이러한 수행의 로드맵을 통해 신심을 내고 발심하여 소인배는 인재가 되고, 인재는 또 도인으로 변할 수 있다고 믿습니다. 이것이 바로 내가 이 글을 쓰게 된 동기입니다.

이제, 최의식 선생님이 범부에서 성자와 같은 경지에 이르기까지, 그가 거친 여정을 하나하나 적어보겠습니다.

2026년 4월

김원수 합장배례

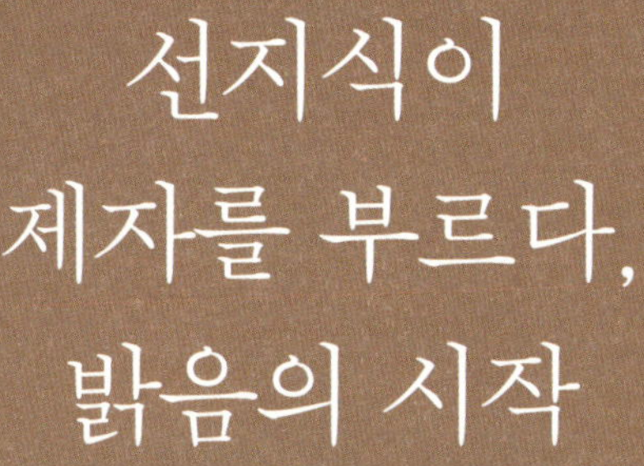

선지식이 제자를 부르다, 밝음의 시작

한국 최초의 독일 철학 박사이자 일제강점기 조선 최고의 승려로 소문난 백성욱 박사는 금강산에서 3년간 수도 후 큰 깨달음을 얻었다. 깨달음이란, 세상의 모든 비밀에 대한 의문이 다 풀렸다는 뜻이다.

백 박사는 막연히 알았던 전생의 존재를 확실히 알게 되었다. 금생에 억울한 모든 일의 원인은 현재 이 몸을 받기 이전 생에 한 행위에서 비롯되었음을 확실히 알게 된 것이다. 그러자 대자유와 큰 지혜가 임하며 이루 말할 수 없는 환희심으로 충만하게 되었다.

깨달음을 얻은 후, 백 박사는 여러 생을 함께 공부했던 도반들이 지금 어디서 무엇을 하고 있는지 궁금해졌다. 천안天眼(마음의 눈)으로 살펴보니, 그들은 여전히 매우 고달프고 헐떡거리는 삶에서 한 치도 벗어나지 못하고 있음을 실감 나게 볼 수 있었다.

백 박사는 깨달음의 경지를 전생에 함께 공부한 도반들에게 일러주어, 그들을 밝음의 길로 나아가게 하고 싶었다. 그러려면 자신이 도반이 있는 곳으로 가든지, 아니면 영적 능력으로 도반을 자신에게 불러오든지 해야 했다. 대개 부득이한 경우를 제외하고는, 찾아가는 것보다 불러오는 방법을 택했다. 그것이 훨씬 쉽고 자연스러우며 효과적이기 때문이다.

백 박사는 인연 있는 제자들을 제도하고자 금강산으로 불러들였다. 춘원 이광수(소설가, 1892~1950) 등 당대 최고

엘리트들이 전국에서 금강산으로 모여들었다. 백 박사가 금강산에 머문 10년 동안, 칠백여 명에 이르는 제자가 그의 가르침을 통해 깊은 평화와 깨달음을 체험했다.

하지만 일제는 이렇게 많은 사람이 모여 공부하는 것이 독립운동의 불씨가 될까 두려운 나머지 탄압을 강화했고, 결국 백 박사를 감옥에 가두기에 이르렀다. 금강산에 더 이상 머물 수 없었다. 백 박사는 해방을 얼마 앞둔 어느 날, 제자 수십 명을 모아놓고 도량의 해산을 명하였다.

"일제의 탄압이 기승을 부리니 나는 어쩔 수 없이 이곳을 떠나야 한다. 여기서 공부를 더 하고 싶은 사람은 계속하거라. 먹고살기가 어려운 때이니, 내가 먹을 식량은 대주겠다."

금강산에서 만날 사람을 다 만난 백 박사는 더 지중한 인연을 불러올 때가 되었음을 알았다. 바로 최의식이었다.

'나와 여러 생에 걸쳐 깊은 인연을 맺어온 최의식이 지금 심신이 지친 채 고단한 나날을 겨우 버텨내고 있구나. 하지만 그가 지닌 선근善根이 본래 깊으니, 제대로 공부한다면 반드시 큰 법기法器가 될 것이다. 이제 그를 고통의

굴레에서 벗어나게 해야겠다. 지금이 바로 그를 불러들일 때다.'

백 박사는 영적 능력을 발동하여 최의식의 마음을 움직였고, 그를 치악산 상원사로 불러들였다.

해발 1,050미터, 우리나라에서 세 번째로 높은 곳에 있는 치악산 상원사. 험준한 산길을 3시간 넘게 걸어야 갈 수 있다. 구렁이와 은혜 갚은 꿩에 얽힌 애달픈 전설이 전해지는 곳이다.

1943년 초여름, 땀을 뻘뻘 흘리며 이곳을 찾은 두 사람이 있었다. 최의식과 그의 어머니였다. 일본에서 유학 중이던 최의식은 일제의 징용을 피하여 귀국하였고, 어머니에게 이끌려 이곳까지 온 것이다. 어머니는 오랜만에 뵙는 주지 스님께 반갑게 인사드리며 아들을 소개하였다.

"제 아들 최의식입니다. 일본에서 얼마 전에 돌아왔습니다."

최의식은 20대 청년이었지만, 당시 군郡에서 겨우 한 사람 나올까 말까 한 일본 유학생임을 아는 주지 스님은 함부로 말을 놓기가 어려웠다.

"마침 잘 왔소. 최 군은 군郡의 명예요, 자랑입니다. 마침 상원사에, 최 군에게 반드시 도움이 될 만한 분이 와 계십니다. 이분은 조선 최초로 독일에서 철학 박사학위를 받으신 매우 대단한 분입니다. 최 군에게 많은 것을 가르쳐주실 것입니다."

주지가 훌륭한 분이라며 소개한 사람이 바로 백성욱 박사였다.

이렇게 최의식과 백 박사의 첫 만남이 이루어졌다. 백 박사는 초면임에도 반갑게 맞아주었다.

"여기까지 오느라 애 많이 썼다. 며칠 전부터 나는 네가 여기 올 것을 미리 알고 기다리고 있었다. 다소 불편하겠지만, 당분간 여기서 나와 함께 지내자. 나와 함께 지내는 이 기간은 너의 잘못된 사고방식을 올바른 사고방식으로 바꾸는 수련 기간이다. 일생의 어려움을 극복하고 참된 행복을 창조하는 든든한 밑거름이 될 것이다."

절에서의 첫날 밤, 최의식은 통 잠이 오지 않았다. 그는

예의 바른 청년으로, 어른에게는 물론 어린 사람에게도 '해라'를 삼가는 신중하고 점잖은 성격이었다. 원체 사려 깊고 정중한 사람이라, 심지어 아버지도 그를 함부로 대하거나 하대하는 말투를 사용하지 않았다. 그런 최의식이 성년이 된 후 처음으로 반말을 들은 것이다.

게다가 처음 만나자마자 너를 여기서 기다리고 있었다느니, 나와 함께 지내면 잘못된 사고방식을 고쳐 일생의 난관을 극복할 큰 힘을 얻는다느니, 마치 전지전능한 도사처럼 말씀하시는 저분은 도대체 어떤 분이실까?

조선 최초의 독일 철학 박사! 그는 자신이 다니던 와세다 대학의 교수들을 떠올렸다. 일본 명문인 와세다 대학에서도 독일에서 철학 박사학위를 받았다는 교수를 본 적도, 그런 얘기를 들은 적도 없었다. 일본에서도 드문 훌륭한 박사님이 자기를 만나려고 기다렸다니, 궁금한 생각은 꼬리에 꼬리를 물며 이어졌다. 머리를 깎은 모양새로는 스님 같지만, 요즘 유행하는 당꼬바지(위는 헐렁하고 밑은 단추 등으로 여미어 딱 붙게 한 바지)를 입은 것을 보면 스님이 아닌 듯도 했다.

어쨌거나, "네 사고방식을 바꾸어 불행을 행복으로 만들 수 있다"라는 말은 참 시원하게 들렸다. 이 시원함은 반말이나 도사인 척하는 태도를 모두 상쇄하고도 남았다. 백 박사가 친근하고 가깝게 느껴졌다.

다음 날, 아직 어둠이 짙게 깔린 새벽. 어제 만난 자리에 백 박사는 이미 와 있었다. 먼동이 트기 전의 어둠 속에서 백 박사의 얼굴은 환하게 빛나고 있었다. 그 빛은 새벽 여명의 모든 어두움을 다 날려버리는 듯했다.

"저 좁은 길을 따라 계속 나무 그늘 속으로 걸어가거라."

"네, 그리하겠습니다."

홀연 만들어진 사제師弟 인연의 산길 포행布行이 시작되었다. 당시는 제2차 세계대전 말, 일제의 패색이 짙어지면서 조선 땅에서는 젊은이를 거의 찾아볼 수 없었다. 눈에 띄는 젊은이는 모두 강제 징집되었기 때문이다.

"사람 눈에 띄지 않는 길을 계속 따라가라. 혹시 사람 소리가 나면 나무가 우거진 숲속으로 숨어야 한다."

아무 말 없이 걷기만 한 지 서너 시간이 흘렀을까? 해가 중천에 솟았다.

“시장하지는 않으냐?”

“시장하지 않습니다.”

최의식은 아침에 둥굴레차 한 잔을 마신 것이 전부였지만, 피로하지도 배고프지도 않았다. 의아했다.

하루 종일 가다 쉬다 또 걸었다. 늘 제자가 앞서 걷고 스승은 뒤에서 걸었다. 스승과 제자는 아무 말이 없었다. 조용한 숲속에는 새소리와 바람 소리만이 들렸다.

갑자기 뒤에서 큰 소리가 들렸다.

“게 섰거라!”

백 박사의 목소리였다. 최의식은 섬찟 놀라며 걸음을 멈췄다. 그 순간, 눈앞에 큰 뱀이 스르륵 지나가는 것이 아닌가!

묵언默言의 산길 포행이 이어지던 어느 날 저녁, 두 사람은 상원사 뒤채 툇마루에 도착했다.

“잠시 앉거라. 상원사에 머문 지 며칠이 되었느냐?”

스승이 먼저 말을 건넸다.

“사오일 된 듯합니다.”

“며칠 쉬었지만, 몸은 몹시 피곤하고 마음은 여전히 불안하지?”

“네.”

스승은 제자의 마음을 꿰뚫은 듯 말했다.

“낯선 곳이라 마음이 가라앉는 데 시간이 걸리는 모양이구나. 너는 한번 호감을 준 사람은 끝까지 좋아하고, 한번 싫어지면 다시는 가까이하지 않는 까다로운 성품을 지녔다. 그리고 어떤 생각이 한번 올라오면 그 생각을 좀체 가라앉히지 못하고 그 생각이 너를 골치 아프게 할 때까지 끊임없이 궁리를 이어가며 스스로를 괴롭히는 경향이 있다. 그렇지 않으냐?”

“네, 그렇습니다.”

“그렇게 골치 아플 때는 어떻게 해소하느냐?”

“저는 어려서부터 희로애락의 감정을 스스로 잘 다스릴 수 있다고 자부해왔습니다. 하지만 궁리가 꼬리에 꼬리를 물고 끊임없이 이어질 때는 아무리 애를 써도 감정을 조절하기가 힘들었습니다. 간절히 기도하며 매달려보아도 쉬지 않고 올라오는 궁리를 멈출 수 없었습니다. 결국 제가 할 수 있는 것이라곤 그저 억지로 눌러 참는 일뿐이었습니다."

"일본에서 절에 다녔느냐, 교회에 다녔느냐?"

"교회에 열심히 다녔습니다."

"예수님께서 '수고하고 무거운 짐 진 자들아, 다 내게로 오라' 하신 말씀을 기억하느냐?"

"네, 그런 말씀이 성경에 있습니다."

"무거운 짐을 가져오라는 말씀을 실제로 실천해본 적이 있느냐?"

"힘들 때 예수님께 의지하며 기도하라는 말씀대로 열심히 기도하였습니다."

"그렇게 믿고 의지하니, 걷잡을 수 없는 궁리가 좀 소멸되지 않더냐?"

"간절히 기도하면 궁리가 잠시 멈추었지만, 시간이 지나면 다시 반복되었습니다."

"너는 태어나 지금까지 누구에게 폐를 끼친 적이 있느냐?"

"철이 든 뒤로는 남에게 피해를 주지 않으려 애써왔습니다. 그것이 이기적인 발상이며 악惡이라 생각했기 때문입니다."

"그렇다면 하나님께 의지하며 매달리는 것은 하나님을 힘들게 하는 것이 아니겠느냐?"

최의식은 잠시 생각하고는 대답하였다.

"네, 그렇다고 생각합니다."

"하나님을 힘들게 하는 기도라면 효과가 있겠느냐? 없겠느냐?"

"효과는 생각해보지 않았습니다. 다만 목사님이나 성도들도 대부분 매달리는 기도를 하는 것 같습니다. 그러나 〈주기도문〉은 매달리는 기도가 아니라 감사와 봉헌奉獻의 기도입니다. 저는 매달리는 기도가 마음에 맞지 않아 중학교 때까지 〈주기도문〉만 반복하며 기도했습니다. 하지만 대학에 들어와 학비 마련과 징용 등 어려움이 닥치자, 다시 매달리는 기도로 돌아가게 되었습니다."

"진실한 신자가 되려면 어떤 기도가 바람직하다고 생각하느냐?"

"아마도 하나님께서는 〈주기도문〉과 같은 봉헌의 기도를 더 기뻐하실 것입니다."

"그렇다. 이제부터는 매달리는 기도보다 하나님께 기쁨을 드리는 기도를 해야 한다."

최의식은 생각에 잠겼다.

'백 박사님은 매달리는 기도에서 벗어나 하나님을 기쁘게 해드리는 봉헌 기도를 하라고 말씀하셨다. 일본에서 징용 문제와 학비 조달로 너무 힘들었을 때 매달리는 기도만 했는데, 과연 내가 거기서 벗어날 수 있을까? 아무래도 자신이 없다.'

산속에는 태고의 고요와 적막이 흐를 뿐이었다. 인적도 없고 바람 소리도 물소리도 없는 가운데, 이따금 들려오는 뻐꾸기 울음소리만이 초여름을 알리고 있었다.

산길 포행을 마치고 돌아오는 길에 최의식은 잠깐 주지 스님의 방에 들렀다.

"스님, 요 며칠 백성욱 박사님과 산길을 포행하였습니다. 원체 카리스마가 대단하신 분이시기에 저는 지금까지

한 번도 무엇을 여쭌 적이 없었습니다. 그저 물으시는 대로 대답만 하였습니다. 그런데 며칠 이렇게 지내다 보니 생각보다 마음이 편안해졌고, 이제는 궁금한 것을 여쭈어 보고 싶은 생각도 듭니다. 그분을 어떻게 호칭해야 할까요?"

"백 박사님은 얼마 전까지 금강산 장안사에서 조실祖室로 계셨던 조선 최고의 큰스님이오. 그래서 사람들은 백 박사님을 '스님'이라 부르지요. 또 조선 최초의 독일 철학 박사이시니, 사람들은 그분을 '선생님'으로 부르기도 한답니다. 최 군은 아마 '선생님'으로 호칭하는 것이 더 어울릴 것이오."

묵언 포행으로 또 며칠이 지났다. 먼저 입을 열지 않던 최의식이 드디어 말문을 열었다.

"선생님, 한 가지 여쭤봐도 될까요?"

"물론이다. 하하하. 한 가지가 아니라 여러 가지 물어도 좋다."

"저희 어머니는 저를 낳고 얼마 되지 않아, 아들 키우는 재미도 보지 못하고 곧 시댁에서 쫓겨났습니다. 어머니가 친정으로 쫓겨난 것은 아버지와의 불화 때문이 아니었습니다. 저희 할아버지는 개화 시대에 맞추어 많이 배운 신식 며느리를 원하셨습니다. 그러나 저희 어머니는 아무것도 배우지 못했습니다. 어머니는 오직 배우지 못했다는 이유 하나만으로, 아들 하나 낳아 잘 키우다가, 할아버지의 명에 의해 느닷없이 시댁에서 쫓겨난 것입니다."

백 박사는 이미 이 사실을 알고 있었다는 듯 조용히 듣고만 있었다. 평소 과묵한 최의식은 침착함을 잃고, 쉴 새 없이 말을 이어갔다. 어머니를 생각하자 견딜 수 없었던 일들이 하나둘 떠올랐다.

"제가 소학교에 입학하자마자 어머니는 친정으로 쫓겨갔습니다. 제가 중학교를 일본으로 갔다는 말을 듣고 어머니는 무작정 일본으로 저를 찾아왔습니다. 아들의 주소조차 알 수 없었던 어머니는 아들을 보고 싶은 마음에 며칠을 헤매며 저를 찾아다녔으나, 결국 저를 만나지 못하고 쓸쓸히 돌아갔습니다. 몇 년이 지나 그 애달픈 사연을 듣고는 가슴이 찢어질 듯 아팠습니다. 지금도 그 생각만 하면 마음이 미어집니다."

최의식은 말을 잇지 못하고 흐느껴 울었다.

"너는 어째서 그런 기구한 운명을 가진 여인의 아들이 되었는지 생각해본 적이 있느냐?"

"아무리 생각해보아도 그 이유를 알 수 없었습니다. 단지 어머니와 같이 아무 잘못도 없는 여인을 시댁에서 쫓겨나게 한 조선의 비합리적 가족제도로 보아, 우리나라는 어쩔 수 없이 일본의 지배를 받을 수밖에 없는 후진국이라고 생각했을 뿐입니다. 그래서 저는 결혼하지 않고, 어머니와 같은 불행한 사람들을 위해 기도하는 성직자로서 일생을 지내겠다고 마음먹었습니다."

최의식은 지금 교회에 다니지만, 언젠가 가톨릭 사제가 되려고 생각하고 있었다. 대학 시절 빅토르 위고의《레 미제라블》을 접하고, 미리엘 주교의 헌신적인 사랑에 큰 감명을 받았기 때문이다.

어느 날 프랑스 남동부의 작은 도시 디뉴에서 비극적인 사건이 벌어졌다. 한 사내가 살인죄로 사형선고를 받은 것이다.

사형 집행 전날, 감옥의 담당 사제가 병으로 쓰러지자 주임 사제에게 마지막을 부탁했다. 하지만 그는 냉담하게 거절했다.

"그건 내 일이 아니오. 고작 어릿광대나 잡부 따위를 위해 내가 그런 일을 해야 합니까? 나 또한 몸이 성치 않소. 더군다나 그곳은 내가 갈 자리가 아니오."

이 말을 전해 들은 주교는 담담히 말했다.

"주임 사제의 말씀이 옳아요. 그곳은 그가 있을 자리가 아닙니다. 바로 내가 있어야 할 자리니까요."

주교는 곧장 감옥으로 향해 사형수의 독방에 들어섰다. 그는 사형수의 이름을 부르며 따뜻하게 손을 잡았다. 식음도 전폐한 채 사형수의 영혼을 위해 기도했고, 사형수에게도 자신의 영혼을 위해 기도해달라고 청하며 온종일 곁을 지켰다. 주교는 그에게 세상에서 가장 값진 진리를 들려주었다.

마침내 사형수와 함께 호송 수레에 올라 단두대까지 동행했을 때, 전날 절망과 공포에 떨던 사형수의 얼굴에는 어느덧 평온한 빛이 감돌고 있었다. 그는 자신의 영혼이 용서받았음을 느끼며 신을 염원했다.

단두대의 칼날이 떨어지기 직전, 주교는 그를 포옹하며 말했다.

"인간에게 죽임을 당하는 자는, 신께서 부활시켜 주십니다."

주교가 단두대 계단을 내려올 때, 그의 눈빛에는 사람들로 하여금 저절로 길을 터주게 만드는 범접할 수 없는 위엄이 서려 있었다.

최의식은 미리엘 주교의 이야기에 매우 감동하여 그의 삶을 닮고 싶었다. 어머니와 같은 약자를 위해 평생 기도하는 성직자가 되고 싶었다.

"선생님, 저는 어머니 생각만 하면 항상 가슴이 미어지고 너무나 괴롭습니다. 어떻게 하면 어머니의 한恨도 풀고, 제 마음속의 한도 풀 수 있을까 나름대로 한참 생각했습니다. 이에 대한 선생님의 고견을 듣고 싶습니다."

한참 듣고만 있던 백 박사가 이윽고 입을 열었다.

"어머니의 한도 풀고, 네 한도 풀고 싶다면 방법이 없지는 않다. 그 방도를 일러줄 터이니, 내가 시키는 대로 잘 따를 수 있겠느냐?"

“방법이 있다면, 선생님 말씀대로 기꺼이 따르겠습니다.”

“지금 너는 ‘어머니의 운명은 참 기구하다, 불쌍하다, 안타깝다’라고 생각한다. 그리고 그 생각이 ‘참’이라고 믿고 있다. 그렇지 않은가?”

“네, 그렇습니다.”

“그 생각이 ‘참’이라고 믿는 한, 네 한도 어머니의 한도 풀리기 어렵다. 사실 그 생각은 ‘참’이 아니라 ‘허상’이다. 그 생각이 허상임을 믿게 될 때 네 한이 풀린다. 너의 한이 풀리면 네 어머니의 한 또한 풀리게 되는 것이다. 그러니 지금부터라도 그 안타까운 생각을 착각으로 알고, 그 생각을 부지런히 형상이 없는 부처님께 바치거라. 자꾸 바치다 보면 어느 순간 안타깝다는 생각이 사라질 때가 반드시 온다. 그 생각이 완전히 사라지면, 네 마음속에는 깊은 환희심이 가득 찰 것이다. 이때 너의 한은 이미 다 풀린 것이며, 동시에 어머니의 한도 풀리게 된다.”

“선생님, 그런데 한 가지 의문이 있습니다.”

“말해보거라.”

"제 마음속의 한이 소멸되면 어머니의 한도 소멸된다는 말씀은 이해가 갑니다. 하지만 현실의 고통은 그대로인데 마음만 편해진다면, 그 편안함은 신기루 같은 일시적 위로에 불과하지 않겠습니까?"

"내가 하나 묻겠다. 가난하기 때문에 마음이 궁한 것이냐, 아니면 마음이 궁해서 가난을 불러들인 것이냐?"

"중학생 때는 가난하면 누구나 마음도 같이 궁해진다고 생각했습니다. 하나 대학 시절, 성공한 이들의 책을 읽으며 마음이 부자가 되어야 현실의 부도 따라온다는 사실을 깨달았습니다. 《손자병법》에도 '이기는 장수는 먼저 이겨 놓고 싸우고, 지는 장수는 싸우고 나서 이기려 든다'고 했습니다. 승패가 이미 마음에서 결정되듯, 저 또한 마음을 먼저 바로 세우는 일이 무엇보다 중요하다고 생각합니다."

"바로 보았다. '불쌍하다, 안타깝다' 하는 그 생각을 착각으로 알고 부처님께 바쳐라. 그 마음이 네 안에서 소멸되면, 현실의 불행 또한 씻은 듯 사라질 것이다. 불교에서 말하는 일체유심조一切唯心造, 즉 모든 것은 오직 마음이 만들어낸다는 진리가 바로 그것이다."

일체유심조! 모든 현실이 내가 마음먹기에 달렸다고 생각하니, 최의식은 막혔던 가슴이 일순간 뻥 뚫리는 듯 시원해졌다. 백 박사가 쐐기를 박듯 덧붙였다.

"지금이라도 '어머니는 참 기구한 여인이다'라는 생각이 올라오면, 그 생각에 끌려가 궁리하지 말고 즉시 부처님께 바쳐라. 그러한 분별심이 네 마음에서 완전히 자취를 감추면, 너는 마침내 어머니의 정체를 알게 될 것이다."

숙소로 돌아온 최의식은 쉽사리 잠을 이루지 못했다.

"무슨 생각이든지 부처님께 바쳐라. 예수님께 모든 것을 다 맡기듯, 올라오는 생각을 모두 부처님께 바쳐라."

이 말은 마치 종교를 바꾸라는 권유처럼 들려 약간의 거부감이 들기도 했다. 그러나 "무슨 생각이든 눌러 참지 말고, 또 하나님께 의지하거나 매달리지도 말고 부처님께 바쳐라"라는 가르침은 신선한 충격이었다. '내가 곧 우주의 주인이 될 수 있다'는 가능성을 일깨워주는 듯하여, 가슴이 뻥 뚫리는 듯 시원해지는 것을 부정할 수 없었다.

그동안 각종 번민에 휩싸일 때 그가 할 수 있는 일이라고는 오직 눌러 참는 것뿐이었다. 그래도 안 되면 하나님께 매달렸다. 기쁠 때도, 슬플 때도, 사무치게 외로울 때도 오직 매달리기만 했다. 처음엔 해결되는 듯했으나, 시간이 지날수록 심장은 터질 듯이 뛰고 머릿속은 엉킨 실처럼 점점 복잡해질 뿐이었다.

"눌러 참지 말고 바쳐라. 매달리지 말고 바쳐라."

이 한 말씀에 십 년 묵은 체증이 내려가는 것 같았다.

그때부터 최의식은 올라오는 모든 생각을 다 부처님께 바치는 연습을 시작했다. 마음이 한없이 편안하고 후련해지며, 일순간 모든 근심과 걱정이 다 사라지는 것 같았다.

매일 계속되는 포행. 벌써 오십여 일이 지났다. 긴 침묵을 깨고 스승이 먼저 입을 열었다.

"일본에서 고학苦學할 때, 참 고생스러웠지?"

'선생님은 어떻게 아셨을까? 내가 일본에서 고학하던 시절을….'

이 생각이 드는 순간, 그는 얼른 그 생각을 부처님께 바쳤다.

"네, 참 힘들었습니다."

그 순간, 그는 일본에서의 학창 시절을 떠올렸다.

나는 소학교는 제천에서 나왔지만, 집안 형편이 넉넉하고 교육열이 남달랐던 아버지 덕분에 중학교부터는 일본에서 다녔다. 내가 도쿄에서 다녔던 학교는 귀족 자제들만 다니는 특수 중학교였다. 나는 유일한 조선인이었다. 오만한 귀족 출신 동급생들에게 무시당하고 차별받지 않을까 걱정했지만, 의외로 그들은 아무런 차별도 하지 않고 나를 동등하게 대해주었다. 친구들과 허물없이 지냈다.

어느 날 나는 친한 친구에게 스스럼없이 물었다.

"일본 집을 한 번도 본 적이 없는데, 너희 집 구경 좀 시켜 줄 수 있어?"

"물론이지. 오늘 방과 후에 우리 집에 가자."

그렇게 즉석에서 승낙을 받았다.

친구의 집에 들어선 순간, 나는 놀라움을 금치 못했다. 집이 매우 넓고, 정원이 깨끗하게 정돈되어 있었다. 쾌적하고 고급스러워, 조선은 물론 일본에서도 좀처럼 보기 힘든 수준인 것 같았다. 나 역시 부잣집 장손으로 꽤 넓은 기와집에서 자랐지만, 그곳의 격조는 차원이 달랐다.

더욱 놀라운 광경은 현관에서 벌어졌다.

"어머니, 학교 다녀왔습니다."

현관에 나온 친구의 어머니는 아들에게 공손히 반절을 하며 말했다.

"학교 잘 다녀왔습니까? 오늘 별일 없었습니까?"

아들에게 반절을 하는 것도 뜻밖이었지만, 존댓말을 쓰는 것은 더욱 놀라운 일이었다. 왕실에서는 왕후마마가 어린 왕자에게도 존댓말을 쓴다는 이야기를 들은 적이 있지만, 양반가에서 어머니가 자녀에게 절하고 존댓말을 쓰는 일은 조선에서는 상상할 수 없었다.

"어머니, 전에 말씀드린 조선인 친구 최 군입니다. 우리 집을 구경하고 싶다고 해서 함께 왔습니다. 우리 반에서 공부도 1등이지만, 예절 바르고 마음씨도 착해서 선생님들에게 칭찬받는 모범생입니다.”

친구 어머니는 환하게 웃으며 말했다.

“아, 그래요. 아들에게 최 군 칭찬을 자주 들었습니다. 우리 아들은 최 군과 벗이 된 것을 늘 영광으로 생각한답니다. 어서 들어오세요.”

중학생인 나에게도 교양 있는 말투로 깍듯하고, 더없이 정중하게 대해주었다.

중학교에 입학하며 나는 제천의 소학교에서 조선인을 하대하던 일본인 선생님들과 일본 귀족학교 선생님들의 인격과 교양이 천양지차天壤之差여서 놀랐었다. 지금 친구의 집에서 다시 한번 그 기분을 느꼈다. 그때 문득, 독립운동을 하며 견문見聞이 넓었던 아버지의 말씀이 뇌리를 스쳤다.

“제천에 와 있는 일본인들은 대개 중하류층이라 조선인을 무시하고 괴롭힌다. 그러나 일본 본토의 상류층은 교양과 인품이 다르다고 들었다. 한 나라의 힘은 상류층의 수준에서 판가름 난다고 한다. 그런 저력이 오늘날 일본을 아시아 최강국으로 만든 것이다.”

와세다 대학에 입학한 후 가세가 서서히 기울어, 집에서 보내오는 송금이 점점 줄어들었다. 학업을 중도에 포기하고 귀국해야 할지도 모른다는 생각에, 마음이 아득해졌다. 어떻게 해서든 학업을 마쳐야겠다는 생각에 잠도 제대로 오지 않았다.

결국 나는 신문 배달 아르바이트로 학비를 충당하기로 마음먹었다. 독하게 마음먹고 시작하였지만, 1년, 2년이 지나자 몸은 기진맥진하였고, 벌이는 턱없이 부족했다.

몸과 마음이 완전히 지쳐버린 어느 날이었다. 참을성 많기로 소문난 나도, 극한의 한계 앞에서는 결국 무릎을 꿇고 말았다. 손에 들린 신문 한 묶음이 천근만근 쇳덩이처럼 느껴졌다. 꾹꾹 눌러 참아왔던 설움과 절망이 한순간에 폭발하였다.

나는 배달하던 신문을 길바닥에다 내동댕이쳤다. 툭 하고 매듭이 풀리며 신문지들이 허공으로 흩어져 팔랑거렸다. 바닥에 힘없이 뒹구는 저 종이 쪼가리들. 마치 내가 애써 버티며 지키고자 했던 모든 것이 산산조각 나는 모습 같았다. 인내의 둑이 터져버린 것이다.

　나는 교회에 같이 다니던 친구가 늘 웅얼거리던 찬송가를 떠올렸다.

　'주여, 어찌하오리까! 무거운 나의 짐을. 주여, 어찌하오리까! 쓰러지고 넘어져도 일으킬 자 전혀 없네. 혼돈하고 공허하며 흑암 속에 지친 이 몸, 주님만을 의지하니 내 손 잡아주소서.'

　"신문팔이를 하며 고학할 때 너무 힘들었습니다. 결국 학비를 감당하지 못해 학업을 중도에 포기해야만 했지요. 촉망받던 제가 이렇게 무너진다고 생각하니 허무하기도 하고, 앞길이 막막했습니다."

　"고통이라는 것이 실제로 존재한다고 생각하느냐?"

　"분명 존재하는 것 같습니다. 고통 중에서도 특히 사람에게 무시당하고 소외되는 경천輕賤의 고통이 가장 비참하고 힘들었습니다."

　"그 고통이 어디에서 비롯되는지 아느냐? 기독교 신자든 불교 신자든 그 누구도 예외는 없다. 이기심이 발동하는 순간, 고통도 동시에 싹이 튼다. 이기심이 소멸할 때 고

통의 싹도 함께 소멸한다."

"아! 네… 그런 것이었군요."

그는 머리를 한 대 얻어맞은 듯했다. 이런 말씀은 어디에서도 들어본 적이 없었다. 참으로 대단하지 않은가! 처음 듣는 귀한 가르침에 가슴이 벅차올랐다.

"네가 신문팔이가 고되어 '주여, 이 고생을 어서 면하게 해주시옵소서' 기도하며 매달릴 때, 이미 네 안에 '이기심'이 싹텄고 이와 동시에 '고생'도 함께 싹이 튼 것이다. 그때 고생을 면하게 해달라며 매달리지 않고 '고생이라는 생각을 하나님께 바쳐 시봉 잘하기를 발원'하였다면, 그 고생이 착각임을 알게 되어 고통에서 진즉 벗어날 수 있었을 것이다."

"네, 정말 그런 것 같습니다. 교회에 다닐 때는 고생이 반드시 존재한다고 생각했고, 그 고생을 면하려면 하나님께 정성껏 기도하는 수밖에 없다고 여겼습니다. 한데 상원사에서 지낸 지 오십여 일, 매달려 해결하려던 태도를 버리고 무슨 생각이든지 부처님께 바치는 연습을 한 뒤로는 신기한 일이 일어났습니다. 고학할 때의 그 끔찍했던 기억이 점점 흐릿해지더니, 지금은 그 고생을 억지로 떠올리려 해도 전혀 떠오르지 않습니다."

"바로 보았다. 고통은 본래 없는 것이다. 네가 하나님께 매달릴 때 '나를 구해달라'는 이기심이 일어나, 고통이 꼭 있는 것처럼 보이게 된 것이다. '하나님 시봉한다, 부처님 시봉한다'라고 마음을 먹으면 이기심이 사라지고, 고통도 함께 사라진다. 다시 말하지만, 하나님이나 부처님께 매달리는 마음이면 이기심이 발동한다. 이기심이 발동할 때 고통과 쾌락, 죄와 복, 기쁨과 슬픔이 실제로 존재하는 것처럼 여겨진다. 그러나 매달리지 않고 섬기는 마음을 내면, 그 모든 것이 이기심이 만들어낸 허상일 뿐 실제 존재하는 것이 아님을 깨닫게 된다. 고통이 올 때 그것을 '고통'이라 이름 짓지 말고 부처님께 잘 바쳐라. 그러면 고통은 변하여 반드시 축복으로 될 것이다. 새옹지마塞翁之馬 이야기를 알고 있지?"

"네, 알고 있습니다."

"지금 조선의 청년들은 아무런 희망이 없다. 나라를 잃은 지 너무 오래되었고, 해방은 일말의 조짐도 보이지 않기 때문이다. 그러나 그런 절망을 '참'이라고 믿어서는 안 된다. 그 절망은 사실이 아니기 때문이다. 이 절망스러운 생각을 '참'이라 믿지 않고 계속 부처님께 바친다면, 결국 절망이 사라질 때가 틀림없이 온다."

"계속 바치면 절망이 사라진다는 말씀은 믿을 수 있습니다. 그런데 제 마음속에서 절망이 사라진다고 해서 냉혹한 현실에 바로 축복이 임하는 것은 아니지 않습니까?"

"아니다. 절망이라는 생각을 네 마음속에서 완전히 몰아낼 수 있다면 반드시 축복이 임한다. 사실 절망이건 축복이건 누가 주는 것이 아니라, 오롯이 다 네가 만들어내는 것이기 때문이다. 그만큼 너 자신은 위대한 존재다."

"저는 지금까지 절망이든 축복이든 다 하나님의 뜻이요 섭리라고 생각했습니다."

"틀린 말은 아니다. 다만 '마음 밖의 하나님'의 섭리가 아니라 네 '마음속의 하나님'의 섭리일 뿐이다."

'내 마음속 하나님의 섭리….' 다 알 수는 없지만 참 매력적으로 들렸다. 결국 하나님과 부처님을 마음 밖의 존재로 보면 완전히 다른 존재처럼 보이지만, '내 마음속의 하나

님' '내 마음속의 부처님'으로 생각하면 둘은 본질적으로
조금도 다르지 않다는 뜻이리라.

최의식이 생각해보니 오직 둥굴레차 한 잔 마시고 어두컴
컴한 꼭두새벽부터 하루 종일 걸었건만 하나도 시장기가
느껴지지 않았다.

"그러고 보니 이상합니다. 둥굴레차 한 잔 마시고 종일
아무것도 먹지 않았는데…. 지난 두어 달 동안, 배가 고프
다는 생각을 한 번도 해본 적이 없습니다."

"그것이야말로 '배가 고프다, 졸리다'라는 생각이 착각
이며 본래 없다는 명백한 증거다. 만일 네가 하루 종일 둥
굴레차 한 잔만 마시고 나 아닌 다른 사람과 함께 걸었다
면, 아마 허기를 느꼈을 것이다. 왜 나와 함께 걸을 때는 배
고픔을 느끼지 못했을까?

내가 배고픔이라는 생각이 착각이며 본래 없음을 알고
잘 바치고 있었기 때문이다. 나의 바치는 마음이 너에게
이심전심以心傳心으로 전달되어, 너 또한 배고픔이 허상인
줄을 은연중에 알게 된 것이다. 고통스럽다는 생각이 들

때, 그것이 '참'이라고 믿지 마라. 참으로 믿어버리면 고통은 실제로 존재하는 것이 되지만, 착각인 줄 알고 바치면 고통은 본래 없게 된다."

고통은 본래 없는 것이다. 절망 역시 본래 없다. 낙담, 우울, 좌절도 본래 없다. 심지어 죽음조차 없는 것이다. 이렇게 생각하자 최의식의 마음은 점점 밝아졌다.

쉴 새 없이 들끓던 생각들이 잦아들고, 마음은 점점 안정되었다.

아무도 없는 험한 산길, 그 적막 속에는 오직 두 사람의 발걸음 소리만이 울리고 있었다.

이제 최의식에게는 마음에 새겨진 일본인의 차별 대우와 힘겨웠던 고학 생활, 어머니와의 애절한 이별마저도 모두 별것 아니게 느껴졌다.

이렇게 산속에서 인적을 피해 걸은 지 백 일이 다 될 무렵, 최의식은 기이한 꿈을 너무나 생생하게 꾸었다.

"선생님, 간밤에 참으로 기이한 꿈을 꾸었는데, 여쭈어봐도 되겠습니까?"

"말해보거라."

평소 먼저 입을 여는 법이 없는 그였다. 본래 과묵한 성품이기도 하거니와, '모른다는 생각조차 착각인 줄 알고 바치면 저절로 알게 된다'는 스승의 가르침을 철저히 따르고 있었기 때문이다. 하지만 이번 꿈만은 도저히 묻지 않고 넘어갈 수 없었다.

"어젯밤 꿈에서 저는 어느 절의 비구니(여승)였습니다. 그리고… 어머니는 저보다 스무 살가량 많은 비구승(남승)의 모습이었습니다."

이웃 암자의 나이 많은 비구 스님이 몹시 수줍어하며 나에게 다가와 말을 걸었다.

"몇 해 전 스님께서 처음 출가하셨을 때, 산중에는 천하절색의 여인이 출가하여 스님이 되었다는 소문이 자자하였습니다. 전생의 인연인지, 그 소문을 듣자마자 저는 스님을 뵙고 싶은 마음이 간절하였습니다. 그러나 스님으로서의 체통도 있고 해서 처음에는 그 마음을 억지로 눌러 참았습니다.

그렇게 몇 해가 흐르고, 보고 싶은 마음도 점점 잦아들 무렵이었습니다. 우연히 스님께서 우리 절을 지나실 때, 사람들이 '저기, 그 유명한 미인 스님이 지나간다' 하기에 무심코 그쪽을 바라보았습니다.

스님을 처음 보는 순간, 저는 한눈에 반하고 말았습니다. 스님의 고운 자태에 정신이 황홀해졌습니다. 저는 저 자신을 부끄럽게 여기며, 암자에 돌아와 마음을 추스리려 애썼습니다.

그러나 무슨 지중한 인연인지, 가라앉히려 하면 할수록 걷잡을 수 없는 그리움이 북받쳐 올랐습니다. 이것이 바로 상사병인가 싶었습니다."

여기까지 듣고 나니 덜컥 겁이 났다. 혹여 더 해괴한 소리가 나올까 두려워, 나는 짐짓 그의 말을 가로막았다.

"스님! 제가 마침 노스님의 급한 심부름을 가는 길입니다. 갈 길이 바빠 이만 물러가겠습니다."

서둘러 자리를 피하려 했으나, 비구 스님은 내 앞을 가로막으며 매달렸다.

"스님, 제발 제 말을 좀 들어주십시오. 오늘은 부끄러움을 무릅쓰고 꼭 드릴 말씀이 있습니다. 정 바쁘시다면, 제가 스님을 사모하는 정을 글로 적어 왔습니다. 제발 이 편지라도 부디 읽어주시기를 간청합니다."

나는 두려움과 함께 불쾌감이 치밀어 올라 단호하게 말했다.

"스님, 이게 무슨 해괴망측한 말씀입니까? 모든 속세의 인연을 끊고 무상도無上道를 추구하는 거룩한 스님께서 어찌 그런 말씀을 하십니까? 그 편지는 도저히 받을 수 없습니다. 만약 스님께서 세속적 욕망을 제어하지 못하신다면 차라리 환속하시는 것이 옳습니다. 승복을 입고 이러시면, 천상천하의 모든 선신善神이 절대로 용납하지 않을 것입니다."

나는 매몰차게 돌아섰다. 그러나 그 스님의 집요한 노력은 거기서 멈추지 않았다. 이튿날도, 그다음 날도 나를 찾아와 편지를 읽어달라고 애원했다. 그런 끈질긴 투정이 한 달 이상 계속되자, 나는 제대로 먹지도, 자지도 못하게 되었다. 어느새 나도 정신적으로 무너지고 있었다.

마침내 나는 단단히 결심하고 노스님을 찾아갔다. 그간의 사정을 낱낱이 고하고, 그 비구 스님을 산문山門 밖으로 쫓아내 달라고 간절히 호소하였다.

"노스님 앞에서 그렇게 흐느껴 울다가 잠에서 깨어났습니다. 깨어난 뒤에도 답답하고 두려운 마음이 가시질 않습니다."

최의식의 이야기를 듣는 동안 백 박사는 묵묵부답이었다. 한참의 침묵 끝에 비로소 입을 열었다.

"네가 이제 너의 전생을 보게 되었구나. 백 일 공부한 보람이 있다.

꿈이란 무엇이냐? 바로 네 마음의 표현이다. 마음에는 두 가지가 있다. 겉마음과 속마음이다. 겉마음(6식)이 꿈으로 나타나는 경우는 큰 의미가 없어서, 흔히 개꿈이라 한다. 수행자들은 분별심인 겉마음을 잘 바치기에 그런 꿈은 드물다. 대개는 속마음, 곧 7식과 8식의 꿈을 꾸게 된다. 속마음이란 분별 망상인 6식이 사라진 자리에서 드러나는 마음이기에 상당한 지혜를 동반하는 것이 특징이다. 그래서 속마음의 꿈에는 전생을 보거나 미래를 보는 지혜가 담기기도 한다.

네가 꾼 꿈처럼, 너는 전생에 어느 큰 절의 여승女僧이었고, 네 어머니는 이웃 암자의 비구였다. 전생에 비구였던 어머니가 너를 몹시 괴롭혀 불안하게 만든 것이 원인이 되어, 금생에 네가 정신병에 걸리게 되었다. 네 어머니가 억울하게 시댁에서 쫓겨났다고 하지만, 사실은 전생에 너를 못살게 굴었던 과보인 것이다. 죄지은 자가 벌 받는 것일 뿐, 실은 억울함도 불평등도 없다. 그리고 네 할아버지는 전생에 그 비구를 산문 밖으로 쫓아낸 노스님이었다.

이처럼 전생과 내생은 분명히 존재한다. 전생에 지은 일은 한 치의 오차도 없이 선한 일은 선한 과보果報로, 악한 일은 악한 과보로 나타난다. 인과응보의 법칙은 지극히 엄정하다. 네가 조금 더 철저히 공부한다면, 너와 네 어머니의 전생사를 스스로 더욱 명확히 알 수 있을 것이다.

지난 백 일 동안의 산길 포행, 너의 공부는 결코 헛되지 않았다. 아직 완벽하지는 않으나, 꿈에라도 전생을 본다는 것은 보통 사람에게 쉽지 않은 일이다. 너는 이제 이곳을 떠나 홀로 공부할 수 있을 만큼 힘이 섰다."

백 박사는 책 한 권을 건네주었다.

"내일부터는 이 책으로 혼자 공부하여라.《금강반야바라밀경》이다. 부처님께서 가장 밝으실 때 설하신 가르침이다. 이 책을 아침저녁으로 한 번씩 읽고, 어떤 생각이든지 모두 부처님께 바치는 연습을 하여라. 그러면 네 앞에 재앙은 모두 소멸하고, 뜻하는 바를 모두 이루게 될 것이다."

그는 마치 눈앞의 현실을 보듯 담담하게 말을 이어갔다.

"지금 일본군의 전세가 점점 약해지고 있다. 머지않아 일본은 패망하고 우리는 해방을 맞이할 것이다."

해방. 그 한마디에 최의식은 정신이 번쩍 들었다. 너무 기쁜 나머지 눈물을 글썽거리며 다시 여쭈었다.

"드디어, 정말 우리나라가 일제에서 벗어날 수 있단 말입니까?"

"암, 그렇지."

"그러면 우리 힘으로 나라를 지키고, 외교를 하고, 우리만의 교육을 하여서, 세계와 당당히 겨룰 수 있게 된다는 뜻입니까?"

그의 격양된 물음에 백 박사는 확신에 찬 어조로 답했다.

"그렇고말고. 우리나라는 곧 해방될 뿐 아니라 단기간에 급속한 경제성장을 이루어 일본을 능가할 국력을 가진 나라가 될 것이다. 너는 해방된 조국에서 큰일을 하게 된다.

네가 전생에 잘 닦은 공덕으로 전생을 볼 만큼 지혜는 상
당히 있으나, 아직 복福이 부족하다. 해방된 조국에서 큰
일을 하려면《금강경》을 읽어 혜慧를 밝힘과 동시에 부지
런히 복을 지어야 한다. 오늘부터 내가 일러주는 '육바라
밀六波羅蜜'을 실천하거라. 이를 잘 실천하면 너는 복과 지
혜를 고루 갖춘 인물이 되어 조국에 크게 기여하고, 마침
내 밝아질 것이다."

　백 박사는 육바라밀을 다음과 같이 말하였다.

사람을 대할 때는 주는 마음으로 대하여라.
보수 없는 일을 연습하여라.
이것이 보시바라밀이니라.

미안에 머물지 말라.
후회하는 일을 적게 하라.
이것이 지계바라밀이니라.

모든 사람을 부처님으로 보아라.

부처님께서 욕하신다면 배우고 깨쳐 볼 일이니,
이것이 인욕바라밀이니라.

이 세 가지를 부지런히 실천하라.
이것이 정진바라밀이니라.

부지런히 실천하면 마음이 안정되나니,
이것이 선정바라밀이니라.

마음이 안정되면 모든 일에 의심이 없어지나니,
이것이 반야바라밀이니라.

"매일 부지런히 《금강경》을 읽고, 가르침을 실천하라. 그러다 공부 중에 깨치는 것이 있거든 언제든 나를 찾아오너라. 나는 해방될 때까지 서울 근교에 머물 것이다."
말을 마친 백 박사는 두툼한 봉투를 건네주었다.
"이것을 잘 간직하거라. 훗날 네가 정말로 필요로 할 때, 아주 요긴하게 쓰이게 될 것이다."

홀로 서다

일본에서 쫓기듯 돌아온 최의식의 몸과 마음은 꽁꽁 얼어붙어 있었다. 신문 배달 수입만으로는 턱없이 학비가 부족해 학업을 지속할 수 없다는 좌절감과 무력감, 고된 노동으로 인해 누적된 피로와 체력 고갈, 일본인에게 받은 차별과 외로움, 그리고 징용에 대한 공포까지. 수년간 이어

진 고통은 그의 영혼을 황폐하게 만들었다.

하나님께 의지하며 아무리 기도해도 이 삭막한 마음에 활력을 주고 희망을 주는 어떤 응답도 들을 수 없었다. 설상가상으로 중학 시절 앓았던 불안 증세가 재발했다. 우울증의 고통은 그의 마음을 더욱 꽁꽁 얼어붙게 하였다. 그 누구의 부드러운 말로도 위로할 수 없었다. 설령 누군가 거금을 쥐여주며 학업을 지속할 수 있게 해주었더라도, 그는 절대로 기뻐하지 않았을 것이다. 그에게는 이유 없이 건네는 친절이나 호의를 달가워하지 않는 성향이 뿌리 깊게 자리 잡고 있었기 때문이다.

최의식은 어렸을 때 할아버지에게 들었던 공자님의 제자 증삼曾參의 이야기를 매우 인상 깊게 기억하고 있었다.

증삼은 청렴하고 결백한 성품으로, 공자의 삼천 명의 제자 중에도 단연 돋보이는 인물이었다. 사람들은 청렴결백으로 소문난 증삼을 시험하고 싶었다. 그들은 증삼이 결코 남의 돈을 줍지 않을 사람임을 잘 알았기에, 증삼이 자주 다니는 길목에 거금이 든 봉투를 놓아두고, '하늘이 이 돈을 증삼에게 주노라'라고 글을 써 붙였다. 사람이 준 돈이라면 받지 않겠지만, 하늘이 주는 돈이라면 받으리라 기대하였다. 증삼은 그냥 지나치려다 걸음을 멈추었다. 그리고 거금이 든 봉투 위에 '증삼은 이런 돈을 받을 복이 없노라'라고 써두고는 조용히 제 갈 길을 갔다.

이 이야기 끝에 할아버지께서 하신 말씀이 한순간도 그의 뇌리에서 떠나지 않았다.

"너도 증삼 선생처럼 대쪽 같은 선비의 정신을 지녀야 한다."

그래서인지 최의식은 불로소득을 혐오했고, 자신이 기여하지 않은 일에 대한 보상도 달가워하지 않았다. 그런 그의 고집스러운 결벽은, 절대자가 조건 없이 베푸는 구원의 은총마저 거부할 지경이었다. 천하의 그 누구도 그의 얼어붙은 마음을 녹여 따뜻하게 만들 수 없었다.

그런데 참 이상한 일이었다. "내가 너를 기다리고 있었다." "나와 함께 지내다 보면 마음이 안정되고 큰 재앙도

막을 수 있다.” 백 박사의 이 말씀에는 아무런 거부감도 들지 않았다. 아니, 오히려 놀라울 정도의 위력을 발휘했다.

묵언과 소식小食, 그리고 백 박사의 파격적이면서도 따뜻한 언행은 꽁꽁 얼어붙은 최의식의 마음을 녹이는 데 적격이었다. 백 일간 그저 산행하다가 쉬다가 하였을 뿐, 설교나 훈화訓話는 거의 없었다. 며칠에 한 번, 무심한 듯한 백 박사의 한마디 한마디는 촌철살인寸鐵殺人의 위력을 발휘하며 최의식의 마음을 차츰 부드럽고 따뜻하게 하였다.

어느 날 산행 중, 뒤에서 오던 백 박사가 대뜸 “게 섰거라!” 하며 그를 멈춰 세웠던 순간, 커다란 뱀 한 마리가 최의식의 발치 앞으로 스르륵 지나갔다. 놀란 가슴을 쓸어내리며, 최의식은 지난 십수 년간 독실한 기독교 신앙생활을 하면서 한 번도 체험하지 못했던 신神의 따스한 손길을 맛보았다.

또 “일본에서 공부할 때 참 고생이 많았지”라는 말씀, 그리고 “백 일을 잘 지냈으니 이제 서울로 돌아가라” 하시며 건네준 두둑한 성금 봉투… 그 모든 순간 속에서 그는 일찍이 그 누구에게도 느껴보지 못했던 따뜻함과 자비를 비로소 맛보았다.

"고생이란 누가 준 것이 아니라 네 궁리가 만든 허상虛像의 산물이니라." 이 말씀을 들을 때는 새로운 용기가 생기며 모든 고통이 일시에 사라졌다.

물론 희망과 용기를 주는 말씀을 처음 들은 것은 아니었다. 일본으로 유학 갈 때 할아버지는 이렇게 말씀하셨다.

"일본에서 공부하다 보면 어려운 일들이 있을 수 있다. 혹시 힘들면 '나는 자랑스러운 최치원 선생의 후손, 경주 최씨 문중의 장손이다'라는 말을 하루에도 몇 번씩 되풀이해보아라."

최의식은 이 말을 생각하며 용기를 내었고, 자긍심을 가지고 힘써 공부하여 중학교 5년 내내 장학생이 되었다.

그러나 백 박사의 한마디 한마디는 할아버지의 말씀 이상으로 희망과 용기를 주며, 그를 우울증에서 벗어나게 하였다. 할아버지의 말씀과는 질적으로 다른 그 무엇이 있었다.

산길 포행 오십 일이 지나면서 최의식은 완전히 새사람이 되었다. 그중에서도 근본적으로 그의 심경을 변화하게 한 것은 "하나님께 간절히 매달리지 말고, 자신이 우주의 주인이라는 마음을 가져라. 모든 행복과 불행을 불러오는 장본인은 바로 자기 자신이다"라는 말씀이었다.

"모든 고난은 스스로 불러오는 것이며, 실은 축복도 하나님이 주시는 것이 아니라 자기 마음이 만든다."

특히 이 말씀에 그는 정신이 번쩍 들고, 새로운 희망과 용기를 얻었다. 지금까지 우주 만물의 운행이 모두 하나님의 섭리에 따라 한 치의 오차도 없이 진행되는 줄 알았는데, 이제 알고 보니 재앙이건 축복이건 다 자기 마음이 불러온다는 것이다. 자기가 원하는 대로 새로운 세상을 만들고 펼칠 수 있다고 생각하니, 삭막하고 쓸쓸한 마음이 일시에 녹아 없어지며 상쾌하였다.

더구나 머지않아 꿈에도 그리던 해방의 날이 오고, 자신이 해방 조국에서 큰일을 할 수 있다는 귀한 말씀까지 들으니, 어릴 적부터 그를 괴롭히던 우울증과 신경쇠약증이 거짓말처럼 자취를 감추었다.

백 박사와 함께 생활한 백 일 동안 최의식은 완전히 달라졌다. 골골하며 피로하고 허약한 모습은 어느덧 활기찬 청년의 모습으로 변하였고, 아무 희망이 없던 삭막한 마음은 무한한 가능성이 있는 씩씩한 마음으로 바뀌었다. 생각하면 생각할수록, 백 박사와의 만남에서 비롯된 모든 일은 참으로 불가사의했다.

무엇보다도 어머니와 전생에 얽힌 사연을 통해 자신을 일깨워준 일은 불가사의 중의 불가사의였다. 전생 인연에서 그는 자신의 정신병과 어머니가 겪어야 했던 기구한 운명의 원인을 찾았다. 도저히 풀 수 없던 수수께끼가 비로소 풀린 것이다. 인과응보가 얼마나 엄정하게 집행되는지도 뼈저리게 깨달았다.

최의식은 백 박사가 평범한 인간이 아니라고 느꼈다. "내가 너를 기다리고 있었다"라고 말씀하실 때부터 그분은 마치 신과 같은 존재로서 전지전능한 구세주의 편린片鱗을 드러낸 것이 아닌가 하는 생각이 들었다. 칠흑 같은 어둠 속에서 "주여, 주여!" 하며 하나님께 구하던 오랜 기도의 응답을, 마침내 살아 있는 백 박사에게서 들은 것이다. 그는 백 박사를 절대적 존재로 여기게 되었다.

최의식이 상원사에서 머물던 시기는 태평양전쟁 막바지였
다. 국내의 모든 신문과 방송은 연일 일본의 승전보를 전
했다. 만주와 중국은 물론 동남아도 거의 석권하였고, 이
제 마지막으로 미국과의 전쟁에서도 곧 승리할 것이라는
내용이었다.

그러나 연전연승한다는 보도와는 달리, 일본은 패색이
짙었다. 미국은 수많은 일본 군함을 태평양 바다에 격침
시키고, 심지어 일본 본토도 공격하며 승승장구하였다.
1944년부터 일제는 학교에서 수업을 중단하고 학생들을
하루 종일 전쟁 물자를 조달하는 노동 현장에 동원하였다.

이러한 짙은 어둠 속에서 오직 백성욱 박사만이 밝은 태
양처럼 훤하게 세상을 비추고 있었다. 곧 일본은 패망하고
우리나라는 해방이 된다고.

서울 본가로 돌아온 최의식은 외출을 삼갔다. 그는 백 박
사께서 주신《금강경》을 꾸준히 읽으며, 스승의 가르침대
로 모든 생각을 부처님께 바치는 생활을 하고 있었다. 한
달에 한 번은 새벽 일찍 일어나 백 박사가 계신 곳으로 향

했다. 말씀을 듣고 나서 어둑어둑해질 무렵에야 본가로 돌아오곤 하였다.

"요즈음《금강경》공부를 잘하고 있느냐?"

"아침저녁으로 읽고, 모르는 한자는 옥편을 찾아보며 뜻을 이해하려고 하고 있습니다. 비교적 어렵지 않은 한자여서 대충 그 뜻은 이해하겠습니다만, 아무리 생각해도 도저히 모르는 글귀도 적지 않습니다. 뜻을 몰라도 읽는 것만으로 공덕이 된다고 하셔서, 모르는 것은 모르는 대로 읽고 있습니다."

"어떤 구절이 이해가 안 되느냐?"

"제3분의 '아개영입 무여열반 이멸도지我皆令入 無餘涅槃 而滅度之'라는 구절은 알 듯 모를 듯합니다."

백 박사가 명쾌하게 답했다.

"그것은 내가 늘 강조하는 '무슨 생각이든지 부처님께 바쳐라'라는 말과 같은 뜻이다. 한자 그대로 풀면 '모든 중생을 제도하여 부처님으로 만들겠다'는 뜻이나, 모든 것은 마음이 만들었다는 일체유심조의 진리에 근거하면 '중생'은 '각종 생각'이 된다. 따라서 이 구절을 내가 실천할 수 있게 해석한 것이 '올라오는 모든 생각을 착각인 줄 알고 부처님께 바쳐라'다.

이것은 내가 처음 지어낸 말이 아니다. 석가여래께서 모든 고통받는 중생을 구원해주시기 위하여 2,500여 년 전에 이미 말씀하신 것이다."

"네. 이제 바친다는 뜻이 무엇인지 분명히 알겠습니다. 궁금한 것이 더 있습니다."

"말해보거라."

"제4분에 '무주상보시無住相布施의 복덕은 불가사량不可思量하다'라는 말씀은 성경에 나오는 '오른손이 하는 일을 왼손이 모르게 하라'는 말과 같은 맥락으로 이해해도 되겠습니까?"

"비슷하지만 나는 좀 다른 각도로 해석한다. 제3분에 '무슨 생각이든지 바쳐라' 하는 말씀은 무슨 일을 할 때의 마음가짐이고, 제4분의 '무주상보시'는 무슨 일을 할 때의 행동지침이다. 무슨 일을 하든지 이기적인 마음은 부처님께 바치고, 이기적 목적으로 행하지 말고 오직 부처님을 기쁘게 해드리기 위하여 행하라는 뜻이다."

如是我聞　一時佛在　舍衛國

《금강경》의 뜻을 알게 되자 독송이 점점 즐거워졌다.

어느 날 백 박사는 느닷없이 금강산 이야기를 하였다.

"아마도 금강산 가기 어려울 때가 올 것이다. 내달쯤 한 번 금강산에 가지 않으련? 거기 내가 머물던 지장암이 어떻게 되었는지도 좀 보고…."

단 한 번도 스승의 말씀을 거스른 적이 없는 최의식은 이때 처음으로 반대 의사를 분명히 밝혔다.

"곧 해방이 된다고 하지 않으셨습니까? 지금은 전시戰時라 어수선하니, 전쟁이 끝나고 한가해지면 그때 다녀오는 게 좋겠습니다."

백 박사는 아무 말도 하지 않았다.

최의식의 거절은 불경함이 아니었다. 그분의 어려움을 너무 잘 알았기 때문이다. 금강산에 가게 되면 분명 스승께서 모든 경비를 다 부담할 것인데, 제자가 스승을 돕는 길은 구경하러 가는 일이 아니요, 그분의 어려움을 덜어드리는 일이라 생각하였다. 그것이 잘하는 일이라 믿고 처음으로 거절하였는데, 어째서 스승은 아무런 말씀이 없으신 것일까….

그로부터 1년쯤 지난 어느 날, 최의식은 너무나도 기이한 꿈을 꾸었다. 일본 열도가 전부 물에 잠기면서, 동시에 한반도가 지상으로 불끈 수십 미터 솟아오르는 꿈이었다. 꿈이 너무나 생생하여 날이 밝자마자 스승을 찾아갔다. 백 박사는 꿈 이야기를 듣고 다만 한말씀만 하였다.

"오늘은 서울 집에 가지 말고 여기서 자고 가거라."

치악산을 떠난 이후 여러 번 찾아뵈었지만, 자고 가라는 말씀은 처음이었다.

이튿날 정오였다.

"이리 와서 방송을 들어보아라."

라디오에서 일본 히로히토 천황의 항복 선언이 흘러나왔다. 당시 라디오가 매우 귀하던 시절이었다. 어제 최의식이 집으로 갔다면, 한참 후에나 이 소식을 듣게 되었을 터다. 백 박사는 이미 일본이 항복할 것도, 그 시간도 알고 있었다.

"선생님, 이제야말로 대명천지大明天地가 열렸습니다! 너무 기뻐 눈물이 멈추질 않습니다."

최의식은 감격에 겨워 외쳤다. 그러나 백 박사의 반응은 차분했다.

"그 생각 또한 부처님께 바쳐야 한다. 해방은 되었지만, 앞날이 순탄치 않다. 북쪽에는 소련을 추종하는 공산 세력이, 남쪽에는 미국이 주도하는 민주 세력이 들어설 것이다. 이제 나라는 남과 북, 둘로 쪼개져 서로 오갈 수 없게 될 게다."

최의식은 그제야 왜 지난해 스승께서 금강산에 가기를 권하셨는지 깨닫고 가슴을 쳤다. 분단이 되면 다시는 갈 수 없는 곳임을 미리 아시고, 제자에게 마지막 기회를 주려 하셨던 것이다. 밝은이의 깊은 뜻을 헤아리지 못한 자신의 좁은 소견이 사무치게 후회스러웠다.

"선생님, 남북으로 분단될 조국을 생각하면 마음이 아픕니다. 제 소견으로는 남쪽의 민주 진영이 통일 한국의 주체가 되어야 한다고 생각합니다. 그러면 남쪽에는 어떤 지도자가 등장하여 나라를 이끌게 되겠습니까?"

"이승만 박사다. 내가 기미년(1919년)에 독립운동의 뜻을 품고 상해에 갔을 때 만난 적이 있는데, 인품이 훌륭하고

민주주의에 대한 신념이 투철할 뿐 아니라 능력 또한 비상한 분이다. 이 박사가 주축이 되어 남쪽에 민주 정부가 들어설 것이다. 이 박사는 양녕대군의 16대손이다. 이 박사의 모친은 조선왕조의 대를 이을 아들을 얻기 위해서는 고향을 떠나 한양에서 가까운 명산, 삼각산 문수사文殊寺에서 기도하는 것이 마땅하다고 생각했다. 일심으로 기도한 끝에 용이 하늘을 날아오르는 꿈을 꾸고 임신하여 낳은 아들이 이 박사다."

"저도 이승만 박사에 대하여 적지 않은 이야기를 들었습니다. 그분은 독실한 기독교인이라 합니다. 그런데 우리나라 국민 대다수가 불교나 유교 신자입니다. 게다가 소수이긴 하나 유물론적 역사관을 가진 공산주의자들도 있습니다. 이들의 사상은 이 박사의 통치 철학과 정반대인데, 과연 국민 통합에 지장이 없겠습니까?"

최의식의 우려 섞인 반문에 백 박사는 고개를 저었다.

"이 박사가 기독교인이라 하지만 편협한 사람이 아니다. 모든 사람을 조화롭게 이끌 수 있는 지혜와 역량을 지녔다. 너도 기독교와 불교를 다른 가르침으로 이해해서는 아니 된다."

"불교와 기독교가 다르지 않은 가르침이라는 말씀입니까?"

"사람들은 예수님이 어떤 분이신지 정체를 모른다. 기독교인들은 더더욱 예수님의 정체를 잘 모르고 단지 하나님의 아들이라 주장할 뿐이다. 그러나 사실 예수님은 법法을 받은, 즉 진리를 깨친 미륵존여래불이다."

"네에? 예수님이… 석가여래의 제자란 말씀입니까?"

최의식은 귀를 의심했다. 백 박사는 마치 먼 옛날의 일을 눈앞에서 보듯 차분히 이야기를 이어갔다.

2,500여 년 전 석가여래가 인도에서 대각大覺을 이루고 중생을 제도하기 시작하였다. 인도에서 동쪽으로 약 1,000킬로미터쯤 떨어진 곳에 안다만이라는 작지 않은 섬이 있다. 안다만섬의 왕자는 서쪽 인도에서 성인聖人이 출현함을 직감하고 인도로 향했다. 인도에 도착한 안다만섬의 왕자는 석가여래 문중에 들어가 가르침을 일심으로 받들고 수행하여, 그 누구보다 탁월한 깨달음을 얻었다. 석가여래는 안다만섬의

왕자에게 수기受記를 내리셨다.

"그대는 여러 생 동안 마음을 닦고 중생을 제도한 공덕으로 무시겁의 모든 분별 망상을 다 소멸하여 청정무구淸淨無垢한 마음이 되었다. 그대는 이 인연 공덕으로 3,000년 후에 성불成佛하게 될 것이다. 그 세계의 이름은 용화세계, 그때 부처님의 이름은 미륵존여래불이다. 지금 그대 마음속에는 모든 한이 다 사라지고, 무시겁의 죄업도 다 참회되었다.

그런데 마지막으로 닦아야 할 하나의 생각이 남았다. 그 한 생각을 닦기 위해서는 몇 생 동안 사람의 몸을 받고 중생을 제도하는 복을 지어야 한다. 아마 다음 생에는 예수의 몸을 받게 될 것이고, 또 다른 생에는 마호메트의 몸을 받아 중생을 제도할 것이다. 그렇게 십여 차례 사람의 몸을 받고 중생을 제도하는 복을 지은 뒤 비로소 성불하여 미륵존여래가 되는 것이다."

"불자 중에서 미륵존불(미륵존여래불)을 염하는 사람은 후생에 기독교 신자가 되기 쉽다. 네가 전생에는 여승이었다가 금생에 기독교 신자가 된 것은, 전생에 미륵존불을 염송하며 공경했던 것이 그 원인이다. 이처럼 불교와 기독교는 실은 뿌리가 다르지 않은 하나의 가르침이다. 모두 사랑의 가르침이자 아상我相을 소멸하여 밝게 하는 가르침이며, 동시에 구원의 가르침이라 할 수 있다.

이승만 박사는 '기독교를 초월한 기독교인'이라고 해야 옳다. 그는 어렸을 때 사서삼경을 통달했고, 청년 시절엔 불교에 심취했다. 어머니가 세상을 떠난 뒤 기독교로 개종하였지만, 그는 늘 공자님이나 부처님이나 예수님을 다 똑같이 공경한다고 말한다. 그는 예수님만을 최고로 여기는 편협한 크리스천이 아니다."

최의식은 백 박사가 해방 조국을 위해 어떤 일을 하실지 궁금했다. 그의 마음을 눈치챈 듯 말을 계속 이어갔다.

"나는 금강산에서 10년 이상 수도하여 진리를 터득하였다. 그것은 사람의 마음을 닦아서 밝게 하는 진리다. 그러나 사람의 마음을 닦아 밝게 하는 진리와 국가를 건설하고 국리민복國利民福을 이루는 진리가 늘 일치하는 것은 아니다. 사람의 마음을 닦아 밝게 하는 것이 소승의 길이라면, 국가를 건설하여 국리민복을 이루는 길은 대승의 길이요, 보살의 길이라 할 수 있다. 나는 대승의 공부를 더 하기 위하여, 앞으로 당분간 손 선생님(혜정 손석재慧亭 孫昔哉, 1882~1959, 백 박사의 스승)을 모시고 아상을 더 깊이 소멸하는 수도에 정진할 생각이다. 그리고 너는….”

그는 바싹 긴장하였다.

“너는 금융 쪽에 인연이 있으니 국책은행에서 일하게 될 것이다. 중생에게 은행 취업은 그저 돈 버는 일이다. 하지만 보살에게 은행 취업은 은행을 번성하게 하고, 나아가 나라에 필요한 돈을 만들어주는 거룩한 불사佛事다. 너는 당분간 나와 함께 지내며 공부를 계속하되, 조국의 광복과 발전에 기여할 마음을 다지거라.”

함께 지내자는 말씀에 최의식은 뛸 듯이 기뻤다. 그는 스승이 준 자금으로 서울 돈암동에 집을 마련하였다. 상원사에서의 백 일 기도 이후 꼭 3년 만의 새로운 출발이자, 스승을 모시고 수행하는 ‘제2의 출가’가 시작된 것이다.

대승의
길을 가다

매일 새벽 4시, 통금 해제를 알리는 사이렌이 울리면, 백 박사는 어김없이 돈암동 집을 나섰다. 어둠이 가시기도 전에 그가 향한 곳은 스승 손석재 선생님이 계신 종로구 혜화동이었다. 그곳에서 스승께 문안을 올리고 법담을 나눈 뒤, 이승만 박사를 도울 동지들을 규합하고, 광복에 필요한 자금을 마련하는 일이 그의 일과였다.

당시 귀국한 이승만 박사는 국민의 열렬한 환영을 받았으나, 정작 본인의 안위를 챙기는 데는 무심하여 거처할 집 한 칸조차 없었다. 백 박사는 이 박사의 거처 마련과 새 정부 수립을 위한 자금 확보가 자신의 몫이라 여겼다.

백 박사는 오랜 수도 생활을 통해 마음을 닦아 성불하는 이치를 체득한 도인이었다. 동시에 그는 완전한 사회인으로서 가정과 국가가 번영하는 길 또한 훤히 꿰뚫고 있었다. 이미 해방 10여 년 전 조선의 독립을 예견했던 그의 혜안은, 이제 이승만 박사가 대한민국 초대 대통령이 될 미래를 내다보고 있었다.

그는 이 박사가 정치적 기반을 다지도록 미군정 사령관 존 하지John R. Hodge 중장과의 만남을 주선했고, 미국 방문과 정계 요인들과의 교류를 적극 권유했다.

백 박사는 지명도와 호감도가 높은 이승만 박사가 국회의원에 당선되기만 하면, 의원들의 총의로 국회의장으로 추대될 것이고, 국회의장이 되면 자연스럽게 대한민국 초대 대통령이 될 것으로 판단했다. 이승만 박사는 동대문

갑구에서 무투표 당선되었고, 제헌국회 의장을 거쳐 마침내 대한민국 초대 대통령의 자리에 올랐다. 백 박사의 판단은 정확했다. 이는 모두 백 박사의 혜안에서 비롯되었다.

최의식은 해방이 되면 순조롭게 독립국이 세워질 것이라는 기대에 잔뜩 부풀어 있었다. 그러나 그 찬란하던 기대는 오래가지 못해 산산이 부서지고 말았다. 남과 북은 이념으로 갈라졌고, 곳곳에서 대립과 충돌이 끊이지 않았다. '해방 조국이 어찌 이리 혼란스러운가. 이런 과격한 충돌은 불가피한 것인가.' 최의식의 고뇌는 깊어만 갔다.

어느 날, 시무룩한 표정을 짓고 있는 최의식을 보며 백 박사가 물었다.

"요즘 공부는 어떠하냐? 잘 바치고 있느냐?"

"네, 선생님. 인과응보가 엄정하다 하셔서, 오계를 철저히 지키려 노력하고 있습니다. 하지만 계율을 지키려고 하다 보니 아직도 눌러 참게 됩니다."

백 박사가 뜬금없는 질문을 던졌다.

"만약 대웅전에 경을 읽을 수 없을 정도로 빈대가 들끓는다면, 너는 어찌하겠느냐?"

"네? 그, 글쎄요…. 빈대를 죽이지 않고 쫓아낼 방법을 찾아보겠습니다."

최의식의 우물쭈물한 대답에 백 박사는 금강산 시절의 일화를 들려주었다.

내가 금강산 장안사에 있을 때다. 하루는 한 수좌가 찾아와 법당에 빈대가 너무 많아 수행할 수가 없다고 하소연하더구나. 그래서 내가 일러주었다. "대웅전 마루 한복판에 유황을 피워놓고 한나절만 문을 닫아두게. 그러면 법당이 깨끗해질 걸세." 그 말을 들은 수좌가 버럭 역정을 내더구나. "아니, 스님께서는 지금 저더러 살생을 하라는 말씀이십니까?" 그래서 내가 이렇게 타이르지 않았겠느냐. "이 사람아, 죽인다는 마음으로 하면 살생이니 과보를 받겠지만, 부처님 법당을 청소하여 맑게 한다는 마음으로 하면 도리어 부처님 전에 복을 짓는 일이 되어 밝아질 것일세."

백 박사의 표정이 사뭇 진지해졌다.

"잘 듣거라. 부처님을 제대로 시봉하려면 때로는 계율조차 바쳐야 한다. 계율을 지키겠다는 생각마저 바칠 때 비로소 인과의 사슬에서 벗어날 수 있다. 살생 또한 마찬가지다. 독일의 힌덴부르크 장군을 아느냐?"

백 박사는 파울 폰 힌덴부르크(1847~1934)의 이야기를 들려주었다.

히틀러 독일 총통은 제2차 세계대전의 패망과 함께 역사 속으로 사라졌다. 히틀러가 집권하기 전, 독일에는 힌덴부르크라는 대통령이 있었다. 그는 제1차 세계대전 당시 독일의 대장군이었다.

1차 대전 당시 힌덴부르크는 러시아의 대규모 병력과 대치하고 있었다. 소수의 병력으로 다수의 적을 이길 방도를 찾기 위해 그는 깊은 사색에 잠겼다. 당시 유럽에 소개되기 시작한 동양의 병법서, 특히 《손자병법》의 내용을 깊이 숙고하며 러시아와의 대치상황을 타개할 전략을 모색했다.

어느 날, 대치 중인 러시아군 36개 사단을 격파할 계책이 떠올랐다. 사단 하나를 만 명으로 계산하면, 무려 36만 명에 달하는 병력이었다. 대장군이었지만, 그에게도 이처럼 대규모의 살상은 처음이었다. 그는 하나님의 십계명을 반드시 지켜야 한다고 믿는 독실한 교인이었다.

그는 깊은 고민에 빠졌다. '사람을 죽이지 말라'는 계명을 어기면서까지 이 전쟁을 수행해야 하는가. 방어전이라면 국토방위를 명분으로 삼을 수 있겠지만, 아무리 생각해도 공격적 성격이 짙었다. 그렇다고 전쟁을 회피하거나 소극적으로 임하는 것 역시 군인으로 해야 할 도리는 아니라고 생각하였다.

끝없는 갈등 속에서 그는 하나님께 기도했다. 오랜 기도 끝에 그는 마침내 성령의 음성을 들었다.

"군인의 임무만을 위해 사람을 죽인다면 큰 죄를 짓는 것이다. 그러나 조국의 국민과 국토를 지키기 위한 전쟁이라면, 이는 계명을 거스르는 일이 아니다. 좌고우면하지 말고 실행하라. 설령 수많은 적군을 죽인다고 하여도 그 죄로 지옥에 떨어지지 않을 것이며, 오히려 네 앞길에 축복의 길이 열릴 것이다."

힌덴부르크는 이 성령의 음성에 따라 러시아의 36개 사단을 전멸시키고 승리했다. 전쟁이 끝난 뒤 그는 결국 독일의 대통령이 되었고 천수를 누렸다.

이야기를 들으며 최의식의 얼굴은 서서히 환해졌다. 백 박사는 확실하게 결론을 내렸다.

"그는 위기에 처한 조국과 민족을 지키겠다는 일념으로 전쟁에 임했다. 적을 죽인다는 사사로운 감정이나 죄책감 없이 군인으로서의 책무를 다했기에 인과응보의 굴레에 걸리지 않았고, 오히려 축복의 길을 걸었다."

백 박사는 도덕 교과서에 갇힌 성인군자가 아니었다. 계율과 인과응보를 넘어서는 차원 높은 대성자大聖者였다. 이 말씀을 음미하며, 최의식은 벅찬 감동과 함께, 마치 별천지와도 같은 광활한 지혜의 세계로 들어서는 황홀경을 맛보았다.

'그렇구나! 나는 이제껏 증삼과 같은 고지식한 군자의 길을 고집했다. 또, 《레 미제라블》의 미리엘 주교 같은 성직자의 길을 동경해왔다. 이제 나는 위대한 스승님을 따라, 대승보살의 길을 갈 것이다.'

새로운 다짐과 함께, 어린 시절 할아버지께 배웠던《논어》의 한 구절이 떠올랐다. 공자께서 가장 아끼셨던 제자, 안연顔淵의 이야기가 가슴속에서 새록새록 떠올랐다.

우러러볼수록 더욱 높으시고,
뚫으려 할수록 더욱 단단하시네.
보면 앞에 계시는 듯하더니
홀연히 뒤에 계시네.
재주를 다하여 따르려 해도
도저히 따라갈 수 없네.

최의식은 백 박사의 경지를 알면 알수록, 옛날 안연이 공자님을 우러러 공경하며 감탄하였던 그 마음이 되었다.

돈암동에서 백 박사를 모시고 지낸다는 것은, 마음을 닦는 수행자가 세상에서 어떻게 살아야 하는지를 실제로 배우는 일이었다. 하루하루, 아니 1분 1초조차 헛되이 지나지 않는 귀한 수행의 시간이 이어졌다.

그러던 어느 날, 백 박사는 그의 삶을 근본적으로 바꾸어

놓은 말씀을 하였다.

"잘 들어라. 이제 개인의 이익과 행복만을 좇아 살아서는 안 된다. 직장에서도 다르지 않다. 여러 사람을 행복하게 하는 길, 그것이 바로 대승의 길이고 우리가 가야 할 참된 길이다.

너는 상원사에서 어머니와의 업보를 해탈하며 이미 첫걸음을 내디뎠다. 이제부터 더욱 마음을 닦아 모든 중생을 위한 대승의 길로 매진해야 한다. 자타일시성불도自他一時成佛道, 나와 남이 함께 깨달음을 이룬다는 말도 있지 않느냐?"

백 박사는 이어서 부드럽지만 단호하게 말했다.

"대승의 마음을 낼 때 고통은 사라지고, 수행은 퇴보하지 않고 발전하게 된다. 그 마음에서 인격이 완성되고, 마르지 않는 샘처럼 능력이 솟아난다. 기억하거라. 대승의 큰 원력을 세우고 기도하면, 개인의 소원 따위는 저절로, 더 크게 이루어지는 법이다."

그 말을 듣는 순간, 최의식의 마음에서 아주 미세한 의심의 그림자까지도 말끔히 사라졌다.

1949년, 돈암동에서 머무른 지 3년이 다 될 무렵, 백 박사는 최의식을 불렀다.

"이제 나는 정부에서 일자리를 얻게 되어 당분간 이런 수도 생활을 지속할 수 없게 되었다. 너는 당분간 이곳을 지키면서 은행 일을 잘하고 있어라. 일찍이 임제 스님께서 '수처작주 입처개진隨處作主 立處皆眞'이라 하셨다. 요새 말로 풀이하면, 직장에 다니는 사람은 자기 봉급의 3배를 벌어줄 마음을 내라는 뜻이다. 그것이 바로 주인의 마음이다. 받은 만큼만 일하겠다는 건 손님이나 노예의 마음이다. 봉급의 3배를 벌어주겠다는 마음, 작게는 회사의 주인이 되는 길이고, 나아가서는 나라의 주인, 마침내 우주의 주인으로 가는 길이 여기서 시작된다."

백 박사는 최의식에게 구체적인 지침도 주었다.

"앞으로 1년 이내에 큰 전쟁이 날 것이다. 모든 사람이 남쪽으로 피란 가겠다고 아우성칠 것이다. 그때 너는 끝까지 은행을 지키는 마음을 가져야 한다. 어려운 일이 많이 생길 텐데, 두려울 때마다 그 마음을 바쳐라. 잘 바쳐지지 않으면 그 두려운 마음에 대고 '미륵존여래불, 미륵존여래불' 하며 자꾸 염불하거라. 미륵존여래불은 예수님의 화신이며, 인류를 구제하러 온 대보살이기 때문이다."

1950년, 백 박사는 내무부 장관 임명을 받았다.

백 박사는 몇 달 전 이미 6·25 전쟁 발발을 예견하고 있었다. 나랏일도 중요했으나, 그에게는 70세 고령의 스승 손석재 선생님의 안위가 큰 걱정이었다. 전쟁이 나기 얼마 전, 백 박사는 신성모 국방부 장관에게 도움을 요청하기로 하였다.

"신 장관, 내 긴한 부탁이 있소. 내가 부모님 이상으로 존경하는 스승님이 급히 부산으로 가야 할 일이 생겼소. 그분을 부산에 보내드릴 수 있겠소?"

"어렵지 않습니다. 마침 내려가는 군용기가 있습니다."

신 장관이 백 장관의 부탁을 흔쾌히 수락했다. 아무도 전쟁을 예상하지 못하던 평온한 날, 손 선생님은 안전하게 부산으로 미리 피란할 수 있었다.

최의식은 전쟁이 발발한 6월 25일에도 평소와 다름없이 한국은행으로 출근했다. 전쟁이 나도 은행을 지키라는 백 박사의 말씀을 충실하게 따랐다. 그러나 총재를 비롯한 핵심 인물은 누구도 출근하지 않았다. 은행은 텅 비었고, 자신보다 직급이 낮은 사람들이 삼삼오오 모여 "우리는 어떻게 해야 합니까?"라며 우왕좌왕할 뿐이었다. 최의식이 출근한 사람 중 가장 직급이 높았다.

그는 '이럴 때 어떻게 해야 할까?' 생각하다가, 문득 백 박사의 말씀을 떠올렸다.

"마음이 어지러울 때, 그때가 바로 부처님께 공양을 올릴 때이니라."

그는 요동치는 마음을 '미륵존여래불' 염송과 함께 부처님께 온전히 바쳤다. 거리에는 인민군이 물밀듯 몰려들었고, 살기가 감돌았다. 최의식은 그 광경에 약간의 두려움을 느꼈다. 동료들이 하나둘 나오지 않아도, 그는 스승의 말씀대로 매일 텅 빈 은행을 지켰다.

그러던 어느 날 은행 앞에 트럭 한 대가 멈춰 섰다. 짐칸에는 이미 많은 청년이 실려 있었다. 출근하여 은행 주변을 살피던 최의식도 어쩔 수 없이 끌려갔다. 이 청년들을

북으로 끌고 가 적당히 군사훈련을 시켜서 소위 의용군義
勇軍이라는 이름으로 전쟁에 투입하려는 모양이었다.

트럭은 북녘으로 향하는 길목, 어느 학교 운동장에 멈춰
섰다. 날이 어둑어둑해지자, 인민군은 땅을 파고 천막을
쳐 임시 숙소를 꾸릴 참이었다. 대장은 청년들에게 즉시
땅을 파라고 호통쳤다.

본래부터 몸이 약했던 최의식에게는 고작 30분의 삽질
마저 버거웠다. 육체적 피로와 함께 두려움이 몰려왔으나,
그때마다 그 생각을 부처님께 열심히 바칠 수밖에 별도리
가 없었다. 인민군 대장은 삽질하는 청년들 사이를 오가며
살벌하게 외쳤다.

"탈출을 시도하는 자는 즉결 처분한다! 죽음을 각오하
라!"

지칠 대로 지친 최의식은 결국 한계에 다다랐다.

"이제… 너무 힘들어 더는 못 하겠습니다."

그 순간, 심한 공포감이 밀려왔다.

"최 동무는 나이가 좀 많지요? 땅 파는 일은 젊은 사람에
게 시키겠소. 저쪽에서 좀 쉬시오."

난폭하게 대응하리라는 예상과 달리, 인민군 대장의 말과 태도는 너무나 부드러웠다. 지옥에서 부처님을 만난 듯 반가운 일이었으나 그것도 잠시뿐, 최의식은 점점 불안해졌다. 이렇게 끌려가서 쥐도 새도 모르게 죽을 수도 있겠다는 생각이 들었다.

원망스러운 마음마저 들었다. '미래를 훤히 꿰뚫어 보신다는 백 박사님께서 왜 끝까지 은행을 사수하라고만 하셨을까? 차라리 안전한 피란처를 일러주셨다면 좋았을 것을….' 하지만 최의식은 불경스러운 생각을 황급히 억누르며 마음을 다잡았다. '아니다. 선생님께서 은행을 지키라고 하신 데에는 분명 깊은 뜻이 있을 것이다. 두려워하지 말자. 이 불안함도 바치자.'

그가 마음을 굳게 먹고 불안을 바치고 있을 때, 갑자기 문이 열리며 인민군 대장이 들어섰다.

"최 동무, 잠깐 봅시다."

숙소 밖으로 최의식을 불러낸 인민군 대장은 전혀 예상하지 못한 말을 꺼냈다.

"최 동무. 동무는 이대로 북으로 가면 십중팔구 목숨을 부지하기 힘들 것이요. 짧은 시간이지만 지켜보니, 동무의 침착한 태도가 깊은 인상을 주었소. 내 사사로운 마음이나, 동무를 꼭 살려 보내고 싶구려."

대장은 한 지점을 가리켰다.

"저기 희미하게 보이는 흰색 건물까지 부지런히 걸어가시오. 여기서 4킬로미터 남짓, 한 시간 거리요. 단, 그 건물이 우리 본대니 절대 그리로 들어가선 안 되오. 건물 직전에 사거리가 나오면 곧장 우측 길을 따라 남쪽으로 내달리시오. 여름이라 아직 해가 기니, 밤새 걸으면 서울에 닿을 것이요. 부디 잘 가시오. 운이 좋으면 훗날 다시 볼 날도 있겠지요."

전혀 상상조차 할 수 없던 일이었다. 최의식은 사람들의 눈을 피해 어둠 속을 걷고 또 걸었다.

그는 과거 스스로를 독실한 기독교인이라 자부하며 숱하게 기도했으나, 신의 은총을 체험하지는 못했다.

하지만 오늘, 그는 하나님도 부처님도 아닌 스승의 '선호념 선부촉善護念 善咐囑'(스승과 불보살이 늘 제자를 지키고 보살펴주는 가피) 덕분에 사지死地를 벗어나 돈암동 자택으로 무사

히 돌아올 수 있었다.

'아! 선생님께서 은행을 끝까지 지키라 하신 데는 다 뜻이 있었구나. 덕분에 나는 주인 된 마음으로 은행을 사수하는 법을 배웠고, 몸소 체험하며 공산주의의 실체를 알게 되었다. 더구나 간절히 마음을 바치면 반드시 응답이 온다는 진리 또한 깨달았다. 이 세 가지를 일깨워주시기 위하여 나를 이런 시험에 들게 하셨구나!'

최의식은 새삼 스승의 위대함과 보이지 않는 보살핌을 온몸으로 느끼며 뜨거운 눈물을 흘렸다.

전쟁 발발 사흘 만에 서울이 함락되었다. 국군은 연전연패하여 전선은 남으로, 낙동강 방어선까지 밀려났다. 뒤늦게 피란길에 오른 최의식은 부산으로 향했다. 다행히 와세다대학 동문인 친구가 부산대학교 교수로 재직 중이었다. 그는 전쟁 중에도 비교적 여유가 있었고, 집도 널찍했다. 최의식을 따뜻하게 맞아주며, 전쟁이 잠잠해질 때까지 머물라며 꽤 큰 방 하나를 내주었다.

누란지세累卵之勢, 계란을 쌓아 올린 듯 위태로운 상황

속에서도 희망은 있었다. 그해 9월 15일, 성공 확률이 5천 분의 1에 불과하다던 맥아더 장군의 인천상륙작전이 기적처럼 성공했다. 9월 28일 서울 수복에 이어 국군과 유엔군은 파죽지세로 북진하여 평양을 탈환했다. 10월, 압록강 물을 떠서 이승만 대통령에게 바쳤다는 소식이 전해지자 온 국민은 통일의 꿈에 부풀어 감격의 눈물을 흘렸다.

그러나 기쁨도 잠시, 중공군의 개입으로 전세는 다시 뒤집혔다. 1951년 혹한의 겨울, 1·4 후퇴와 함께 서울은 다시 적의 수중에 떨어졌다.

그 무렵 최의식은 여전히 부산 친구 집에 머물고 있었다. 마침 전쟁 전 미리 부산으로 피신한 손석재 선생님이 머물 곳이 마땅치 않다는 소식을 듣게 되었다. 최의식은 친구에게 간곡히 양해를 구한 뒤, 손 선생님을 자신의 방에 모셨다.

한편, 부산 관사에 머물던 백 박사는 매일 아침 손 선생님을 찾아왔다. 해방 후 돈암동에서 통금 해제 사이렌과 함께 혜화동으로 달려가던 그 모습 그대로였다. 장관이라는 지위도, 전쟁이라는 혼란도 스승을 향한 그의 지극한

정성 앞에서는 핑계가 되지 못했다. 백 박사는 하루도 빠짐없이 스승께 문안을 올리고 법담을 나누며, 위기에 처한 나라의 앞날을 의논하였다.

부산에서 어쩔 수 없이 손 선생님과 한방에서 지내야 했던 최의식은 두 분의 아침 법담 장면을 처음으로 볼 수 있었다. 평상시 백 박사가 손 선생님을 워낙 극진히 모셨기에, 두 분이 서로 존칭을 쓰며 존중하는 예의 바른 사제지간으로 알고 있었다.

그러나 실제로 백 박사가 손 선생님께 법문을 청하며 예배하는 모습을 보고 최의식은 깜짝 놀랐다. 천하의 백 박사가 손 선생님을 절대적인 스승으로 모시고 있었다.

"지금 당신이 할 일은 국내 문제를 걱정하는 게 아니오. 맥아더 장군이나 이 박사가 큰 힘을 내도록 부처님께 열심히 기도하는 것이오."

손 선생님은 단호하게 말하였다.

"불법은 실로 세상법과 하나도 다른 것이 아니오. 명심하시오! … 법이다. 보아라!"

최의식은 자신에게 하늘 같은 스승님인 백 박사에게 '당신'이라는 호칭과 함께 적극적 사회인이 되라고 나무라는 듯한 손 선생님의 말씀을 듣는 순간, 민망하고 면구스러워 도저히 그 자리에 있을 수 없었다. 슬그머니 밖으로 나가려 하자, 백 박사가 나지막이 그를 붙잡았다.

"추운데 밖으로 나가지 말고 거기 앉아 듣거라."

최의식은 꼼짝없이 두 도인의 선문답禪問答을 그 자리에서 들을 수밖에 없었다. 꾸중까지도 고스란히….

최의식은 궁금해지기 시작했다.

'손 선생님께서 저토록 호되게 꾸짖으시는 이유가 뭘까? 저 말씀에 담긴 뜻은 무엇일까?'

아침 법담을 마치고 백 박사가 숙소로 돌아가자, 방에는 손 선생님과 최의식 단둘이 남게 되었다. 손 선생님이 먼저 말문을 여셨다.

"백 박사가 한가하게 아무 일도 하지 않는 것 같아도, 실은 눈코 뜰 새 없이 바쁘다. 너는 눈치채지 못했겠지만, 조용히 세계를 움직이는 일들을 하고 계신다. 종종 백 박사가 방문을 걸어 잠그실 거다. 그때 방문을 두드리고 백 박사를 부른다면, 그가 큰일을 하지 못하게 제동을 거는 것과 마찬가지다. 그때 백 박사는 선정禪定에 들어 혼이 몸에서 빠져나와, 전쟁을 종식하기 위해 여러 사람을 만나러 다니기 때문이다."

손 선생님은 말씀을 이어갔다.

"혼이 몸에서 빠져나오는 현상을 유체이탈이라고 한다. 옛날 달마 대사가 히말라야 산속을 지나가는데, 몸뚱이가 긴 동물(큰 구렁이를 이렇게 표현함)이 죽어서 산길을 가로막고 있었다. 그대로 두면 오랫동안 사람들의 왕래를 막을 것이 뻔했다. 오랜 수도로 몸과 마음이 가벼워진 달마 대사는 육체에서 혼이 자유로이 드나들 수 있었지. 다행히 구렁이의 사체가 썩지 않아, 달마 대사는 자신의 혼을 그 속으로 옮겨 사체를 길에서 멀리 치워버렸다. 그러고는 다시 본래의 몸으로 돌아왔다. 이처럼 아상이 많이 소멸된 사람은 달마 대사처럼 유체이탈이 가능하다."

6·25 전쟁 발발 후, 백 박사는 늘 나라의 장래를 염려하였

다. 곧 중국 공산당이 개입할 것을 예견하고, 수많은 인명
이 희생될 것을 염려하였다. 만약 중공군이 개입하기 전에
김일성을 설득할 수 있다면, 사상자가 절반 이하로 줄고,
전쟁도 조기에 종식될 것이었다.

백 박사는 김일성을 만나서 설득해보기로 하였다.

백 박사의 혼은 김일성이 머무는 비밀 처소에 접근하였
다. 김일성이 점심 식사 후 잠시 조는 틈을 타서, 백 박사는
김일성의 꿈속으로 잠입하였다. 이때 전선은 일진일퇴하
며 좀처럼 승부가 나지 않아 김일성도 고민이 많았다. 백
박사는 스님의 모습으로 그 앞에 나타났다. 비몽사몽간에
김일성은 물었다.

"여기는 아무도 들어올 수 없는 곳인데, 당신은 누구
요?"

"내가 누구라 말해도 수령은 잘 모를 것이오. 나는 조선
의 독립을 위해 금강산에서 10년 이상 수도하여 큰 깨달음
을 얻은 승려요."

"스님은 어떻게 이 전쟁터에 올 수 있었습니까?"

"나는 가고 싶은 마음만 내면, 우주 어느 곳이든 쉽게 갈

수 있소. 나는 조선과 수령의 장래를 위해 고언苦言을 드리러 이곳에 왔소. 이제 유엔군과 남한군이 승승장구하여 곧 평양을 점령하고 북진하게 될 것이오. 그리고 머지않아 중국 공산당에서도 당신을 돕기 위하여 군대를 파병하겠지만, 연합군과 중공군이 맞붙으면 끔찍한 살상만 일어날 뿐이오. 이 전쟁은 어느 쪽도 쉽게 이기지 못하고, 결국 휴전으로 갈 수밖에 없소. 이삼일 내로 미국 특사가 당신을 찾아올 테니 꼭 만나시오. 그가 휴전을 제안하면, 북쪽이 크게 손해 보지 않는 선에서 받아들이시오. 조기 휴전만이 백만 명 이상의 목숨을 살리는 길이오."

김일성이 침묵하자 백 박사가 쐐기를 박았다.

"전쟁을 계속하여도 승리하지 못합니다. 사람은 사람대로 다 죽고 나서, 결국 휴전할 수밖에 없을 것이오. 게다가 설령 휴전이 되어도 중국은 참전 대가로 백두산 근처의 땅을 요구할 것이오. 그러니 사람이 덜 죽고 전쟁도 빨리 끝내려면, 반드시 미국 특사를 만나 휴전에 동의해야 하오."

백 박사는 몇 번이고 김일성을 설득하였다.

김일성은 중국의 속내를 누구보다 더 잘 알고 있었다. 그는 종종 아들 김정일에게 "일본이 백 년 원수라면 중국은 천 년 원수다. 되놈들의 속셈이 왜놈보다 흉측하다. 일본 중국 미국 셋 중에 제일 나은 놈을 고르라면, 아마 미국이 가장 낫고 그다음이 일본일 것이다" 하였다고 한다.

그러나 김일성은 끝내 고집을 꺾지 않았다. 미국 특사를 만날 듯하다가 말을 바꾸기를 반복하더니, 종국에는 단호하게 소리쳤다.

"나는 죽으면 죽었지, 미국 특사를 만날 수 없소!"

백 박사는 더 이상의 설득을 포기했다. 그는 돌아서며 말했다.

"에이, 고집 센 놈! 내 말을 듣지 않는 벌로 너는 아들에 의해 살해될 것이다. 그리고 조국은 결국 남쪽에 의해 통일될 것이다. 우선 네 목 뒤에 혹 하나를 만들어주리라."*

• 실제로 김일성 사망 당시, 그가 아들에 의해 죽임을 당한 것이라는 설이 떠돌았다고 한다. 그리고 혹에 대한 언급은 김일성의 실물 사진이 국민들에게 널리 공개되기 이전에 나온 것이다. 나중에 백 박사의 제자들이 실제 사진에서 목 뒤에 혹을 확인하고 크게 놀랐다고 한다.

이와 같은 손 선생님의 말씀을 듣고 나니, 최의식은 백 박사가 평소 자신이 생각했던 것 이상으로 대단한 분이라는 것을 알게 되었다. 그분은 성자나 인격자를 초월한, 구세주와 같은 존재로 느껴졌다.

최의식은 두어 달 남짓 부산에서 손 선생님과 한 방에서 지내며 많은 것을 배우고 깨달았다.

최의식은 10년 가까이 독실한 기독교인으로 살았지만, 마음 한구석에는 풀리지 않는 의문이 있었다. 바로 '예수님의 부활'이었다. '죽은 사람이 어떻게 다시 살아난단 말인가?' 믿음으로 받아들이려 애썼지만, 이성으로는 납득하기 어려웠다. 그런데 손 선생님께 달마 대사의 유체이탈 이야기를 실감 나게 듣고, 예수님의 부활을 비로소 이해하게 되었다.

'그렇구나! 확실히 부활은 존재하는구나. 사람들은 예수님 사지에 못이 박힐 때 세상을 떠났다고 믿고, 시체를 돌무덤에 안치했다. 하지만 전지전능한 예수님은 달마 대사처럼 유체이탈을 한 것이리라. 죽었지만 아직 부패하지 않은 육신에 혼이 들어가서, 사람들에게 부활의 기적을 보인

것이다.'

이 깨침으로 최의식은 예수님의 부활을 막연한 신화가 아닌, 실재하는 사실로 온전히 받아들이게 되었다. 또한 백 박사가 왜 달마 대사를 예수님과 동격의 대성인大聖人으로 여겼는지도 이해할 수 있었다.

최의식은 손 선생님께 실토하였다.

"성인이라야 성인을 알아본다〔聖人能知聖人〕고 하였는데, 저는 백 박사님이 이렇게 훌륭한 분인 줄 미처 몰랐습니다. 저는 여전히 어리석어 도인을 알아보는 눈이 없었습니다. 백 박사님은… 감히 말씀드리건대, 예수님과 비견될 정도로 위대한 분임이 틀림없습니다."

"그렇다. 네가 백 박사가 어떤 분인지 이제라도 알게 되었으니, 이런 분을 만난 것을 천재일우千載一遇의 기회로 알아라. 더욱 감사하며 열심히 공부해야 한다. 백 박사는 실은 인간 모습으로 오신 보살의 화현化現이시다."

바치는
가르침의
위대함

수원 근처에서 일진일퇴를 거듭하던 전선은 점차 북쪽으로 밀려갔고, 다시 서울이 탈환되었다. 관공서들도 하나둘 서울로 복귀했다. 그러나 동부 전선에서는 여전히 치열한 전투가 이어졌고, 젊은이들은 끊임없이 전장으로 실려 나갔다.

최의식은 은행에 복귀하였다. 하지만 총재를 비롯한 수뇌부는 여전히 모습을 드러내지 않았다. 결국 인사과장인 그가 사실상 은행을 지휘해야 하는 상황이 되었다.

후방은 겉보기엔 평화로운 듯하여도, 서울에서 불과 백 리(약 40킬로미터)도 채 떨어지지 않은 전선에서는 여전히 포성이 멈추지 않는 불안한 평화였다.

그러던 어느 날, 헌병 대장이 이끄는 군용 트럭 한 대가 한국은행 정문 앞에 들이닥쳤다. 그는 다짜고짜 최의식에게 명령했다.

"여기 은행원들을 모두 트럭에 태우시오. 서부 전선의 전황이 급박하니 즉시 병력을 투입하라는 상부의 명령이오."

그 시절 전국은 비상계엄 상태였고, 군인 세상이었다. 영장 없이도 체포와 구금을 할 수 있었으며, 특히 헌병 대장의 위세는 나는 새도 떨어뜨릴 정도였다. 그의 말에는 거역하면 즉결 처분도 불사하겠다는 살기가 서려 있었다. 죽으라면 죽어야 한다는 듯한 기세였다.

죽음을 각오하고 은행을 지켰던 최의식이었다. 그는 이

번에도 물러서지 않았다. 비장한 결단을 내린 그는 흔들림 없는 눈빛으로 말했다.

"대장님, 여기 은행원들이 비록 총을 들고 싸우는 군인은 아니지만, 이들이 맡은 임무는 전방의 군인 못지않습니다. 아니, 여기 있는 한 사람 한 사람의 역할은 군인 몇 사람 몫을 충분히 하고도 남습니다. 죄송합니다. 단 한 사람도 내줄 수 없습니다. 이 사람들까지 전쟁터로 나가 은행이 텅 비게 되면 나라의 경제가 마비되고, 그러면 결국 나라도 무너집니다."

서슬 퍼런 헌병 대장의 기세 앞에서도 최의식은 당당했다. 헌병 대장은 끝내 밀어붙이지 못하고 돌아갔다.

최의식의 용기와 기지 덕분에 직원들은 전쟁터로 끌려가는 화를 면했다. 그날 이후, 은행 내에서 그를 보는 시선이 완전히 달라졌다. 총재부터 말단 직원에 이르기까지, 모두가 그의 외유내강한 인품을 칭송하며 진심으로 존경하게 되었다.

일개 과장에 불과한 그가, 서슬 퍼런 헌병 대장을 상대로 한 치도 물러서지 않을 수 있었던 힘은 무엇이었을까?

그것은 어떤 상황이 닥치더라도 '무슨 생각이든지 부처님께 바쳐, 시봉 잘하겠다'는 일념, 그 필사즉생必死卽生의 기운이 상대를 압도했기 때문이었다.

최의식은 백 박사께서 자주 하던 말씀을 마음에 깊이 새기고 있었다.

"사람들은 대부분 위기가 닥치면 정면으로 맞서기보다는 피하거나 숨으려 한다. 공포심을 부처님께 바치기보다 억지로 눌러 참지. 그러나 피하거나 숨기보다, 위기라는 생각을 부처님께 바치며 그 속에서 돌파구를 찾아야 한다. 위기 때 피하거나 숨는 마음이 얼마나 해로운지 아느냐?"

백 박사는 자신의 전생 이야기를 들려주었다.

조선조 어느 생에 나는 왕실의 신임을 받는 큰스님으로 벼슬을 지냈다. 당시 억불숭유抑佛崇儒의 조선에서 유생들의 권세는 대단했고, 불교는 산속으로 밀려날 수밖에 없었다. 나는 이런 불교의 비참한 상황을 좌시할 수 없었다. 다행히 당시 권력의 실세였던 문정왕후가 독실한 불교 신자로, 나의 불교 중흥 의지를 적극 옹호해주었다. 덕분에 조선 개국 이래 승려들이 한양도성에서 어깨를 펴고 활보할 수 있게 되었다.

그러나 그것도 잠시였다. 문정왕후의 건강이 악화되자 유생들은 기다렸다는 듯 들고일어나, 나를 제주도로 유배 보냈다. 유생들의 보복은 거기서 그치지 않았다. 폭력배를 동원하였고, 나는 결국 그들에게 돌팔매를 맞아 비참하게 생을 마감했다.

'나는 단지 좋은 일을 하고 불교를 중흥시키려 했을 뿐인데, 왜 이런 재앙을 당했을까?'

오랜 수행 끝에 원인을 알게 되었다.

어느 전생인가 그때도 나는 국사國事를 돌보는 큰스님이었다. 그런데 대신들의 모함으로 임금에게 사약을 받게 되었다.

'나는 나라를 위해 헌신했는데, 어찌하여 나에게 이런 가혹한 재앙이 닥치는가?'

억울했고, 분했고, 사약을 받는 현실이 끔찍이도 싫었다. 그때의 나는 아직 이 '바치는 공부법'을 몰랐다. 만약 알았더

라면, 사약을 받기 싫은 그 끔찍한 마음을 부처님께 바쳤을
것이다.

그 마음을 잘 바치기만 했더라면, 부처님께서 거기에 상응
하는 응답을 주셨을 것이고, 그 응답에 따라 일을 처리했다
면 사약을 받고 억울하게 죽는 일은 면하였을지도 모른다.

그때 나는 사약을 받기 싫은 마음을 바치지 못하고, 억지로
눌러 참은 채 결국 사약을 마시고 죽었다. 그 억눌렀던 마음
이 원인이 되어, 후생에 제주도로 귀양 가서 마침내 돌에 맞
아 비참하게 죽게 된 것이다.

"잘 들어라. 세상 사람들은 위기를 피하거나 두려움을 억
누르는 것이 무슨 죄가 되냐고 말한다. 그러나 이기적인
목적이나 두려움 때문에 마음을 억지로 눌러 참는다면, 이
눌러 참은 마음은 사라지지 않고 반드시 재앙이 되어 돌아
온다.

이는 타성이 되며, '몸뚱이 착著'을 연습하는 꼴이기 때
문이다. 우리는 자기 몸을 잃을까 봐 두려워하며 지키려
한다. 그런 마음은 고통을 피하려다 욕심을 내고, 성내며,

오만함마저 키운다. 이 '몸뚱이 착'이 곧 이기심이요, 아상이요, 탐진치貪瞋癡다. 그리고 이것이 온갖 재앙을 불러오는 원흉이다.

피하고 싶을 때 억지로 눌러 참지 말고, 그 마음을 부처님께 바쳐야 한다. 그렇게 바쳤다면 그 재앙이 축복으로 바뀔 수도 있었다."

백 박사는 억누르거나 피하며 숨지 않고, 그대로 바치는 수행법을 여러 생 지나서, 비로소 금생今生에 깨닫게 되었다. 그리하여 자주 이렇게 말씀하였다.

"이 '바치는 법'을 실천해보거라. 《금강경》에 '일체제불 급제불아누다라삼막삼보리법 개종차경 출一切諸佛 及諸佛 阿耨多羅三藐三菩提法 皆從此經 出(모든 부처님과 부처님이 깨달으신 진리가 모두 이 경에서 나왔다)'이라 하였다.

무슨 생각이든지 착각으로 알고 부처님께 바치는 이 법은 곧 중생을 부처로 만드는 법이요, 재앙을 축복으로 만드는 확실하고 위대한 법이다. 바치는 법은 실로 여의주와 같아서 마음만 먹으면 못 이룰 일이 없게 만든다."

최의식은 은행에 입사할 때부터 백 박사에게 받은 지침, '수처작주 입처개진'과 '봉급의 세 배를 벌어주라'는 말씀을 꾸준히 실천해왔다. 그러나 이번 전쟁을 겪으면서 그는 새삼스레 깊이 깨달았다. 위기에 처하여 억누르거나 도망치면 재앙이 되고, 위기를 착각으로 알고 바치면 오히려 축복이 된다는 사실을!

이 '바치는 법'은 중생을 밝게 하여 부처가 되게 하는 가르침이요, 여의주처럼 이루지 못할 일이 없게 하는 가르침이며, 백 박사처럼 훌륭한 분도 여러 생에 걸쳐 겨우 찾아낸 희귀한 가르침이라는 것을 확실하게 깨달았다.

전방에서는 여전히 총성이 그치지 않았고, 휴전은 요원해 보였다. 가뜩이나 가난한 나라가 6·25라는 큰 전쟁을 치르면서 경제는 더욱 피폐해졌고, 이런 혼란을 틈타 공무원 사회에는 부정부패가 만연하였다. 선거철마다 후보들은 "경제를 살리겠다" "부패를 뿌리 뽑겠다" 목소리를 높였으나, 되풀이되는 상투적인 말일 뿐이었다.

부정부패의 그림자는 지극히 보수적이라고 정평이 난 한

국은행에도 깊숙이 스며들었다. 실력 없는 이들이 정재계 인맥을 등에 업고 총재에게 연줄을 대며, 요직을 차지하는 일이 비일비재하였다.

그 무렵, 총재가 인사과장인 최의식을 호출하였다.

"최 과장, 이 사람을 ○○부서 ○○직책으로 발령 내시오."

최의식은 거론된 인물이 어떤 사람인지, 그리고 이 인사가 얼마나 천부당만부당한 처사인지 너무나 잘 알고 있었다. 총재 역시 외부 압력에 못 이겨 내린 결정이었을 것이다. 이대로 인사 발령을 내는 일은 은행원의 중의衆意를 거스르는 일이요, 자신의 양심과 철학에 정면으로 거스르는 일이었다. 그렇다고 총재의 말을 거부하고 인사 발령을 내지 않는다면 은행을 그만두겠다는 것과 마찬가지였다. 어느 길을 택해야 할 것인지 결정하기가 너무 어려웠다.

처음에는 스승님께 달려가 물을까도 생각했지만, 평소에 하신 말씀을 떠올렸다. "난제를 만날 때마다 물어서 해답을 얻으려 하지 마라. 네 속의 무한한 지혜의 힘을 활용해라. 난제를 바쳐서 스스로 해답을 얻어라."

최의식은 조용한 방에 들어가, 이러지도 저러지도 못하는 마음을 부처님께 바쳤다. 그리고 총재가 올바른 마음으로 부처님 시봉 잘하기를…, 수없이 되풀이하여 발원하였다. 마음이 좀 편해졌다. 한편으로는 허공에 대고 보이지 않는 선생님께 몇 번이고 여쭈었다.

"선생님, 이런 난처한 경우에 선생님께서는 어떤 결단을 내리시겠습니까?"

물론 어떤 대답을 기대하는 것은 아니었다. 이렇게 하면 신기하게도 자신의 마음에서 느닷없이 해답이 흘러나오는 것을 전에 종종 경험하였기 때문이었다. 자꾸 마음을 바치며 여쭈다 보니, 어느 순간 지혜의 힘이 발동한 것일까? 드디어 지혜로운 내면의 소리가 들렸다.

'나는 남들이 부러워하는 직장에서 해고되어 밥줄이 끊어진다 해도, 불의한 인사 발령에는 결코 동의할 수 없다. 총재의 명령을 거역했다는 이유로 해고된다 해도 두렵지 않다. 오히려 이 기회에 다시 스승님을 모시고 공부할 수 있다면, 그것만으로도 얼마나 좋은가!'

결국 그는 당시 선망의 직장인 한국은행에 사표를 제출

했다. 사표와 함께 총재에게 드리는 편지도 썼다.

총재님의 뜻에 맞는 인사 발령을 하지 못해 지극히 죄송합니다. 이유를 막론하고 총재님의 뜻을 거역한 것은 사원으로서 용서받지 못할 잘못이라 생각합니다. 이에 속죄하고자 사표를 제출하오니, 부디 사표를 수리하여 주시기 바랍니다.

다음 날 최의식은 은행에 출근하지 않았다. 사표가 수리되면 미련 없이 은행을 떠나 수행의 길을 가겠다고 마음먹었다. 뜻밖에도 며칠 후 은행 중역 회의에서 사표는 반려되었고, 무리한 인사 발령도 없던 일로 처리되었다.

며칠 뒤 백 박사는 이 일의 전말을 듣고 최의식을 크게 칭찬하였다.

"사람들은 흔히 자신에게 불리하다 싶으면 피하고, 눈앞에 이익이 보인다 싶으면 적극적으로 행동하려 한다. 그러나 이는 지혜롭지 못한 행동이다. 지혜로운 사람은 이익과 손해 사이에서 갈등이 생길 때 어떻게 할까?

지혜로운 사람은 '불리하다'라는 생각도, '이익이다'라는 생각도 모두 착각인 줄 알고 부처님께 바친다. 다 바칠 때 비로소 지혜로운 판단이 나온다. 너는 이제 사람들이 이익이라며 좇는 것들이, 실은 착각인 줄 알고 부처님께 바칠 만큼 성숙해졌구나. 용감하게 사표를 던진 것은 눈앞의 이익이 착각의 산물임을 알았다는 증거다. 매사 어떤 판단이 떠오르더라도 쉽게 따라가지 말고, 그 생각을 부처님께 바쳐라. 잘 바칠 때마다 자신 속에 매우 지혜로운 사람이 있음을 발견할 것이다.”

최의식은 무슨 생각이든 착각으로 알고 바칠 때, 심지어 부처님과 스승에 대한 공경심조차 바칠 때 참 지혜가 발현된다는 뜻을 깨달았다.

그는 한때 공자님의 수제자 안연을 흠모하며 그의 시에서 스승에 대한 절대적인 공경심을 배우고자 했었다.

우러러볼수록 더욱 높으시고,
뚫으려 할수록 더욱 단단하시네.
보면 앞에 계시는 듯하더니
홀연히 뒤에 계시네.

공자는 안연이 젊은 나이에 세상을 떠난 것을 몹시 슬퍼하였다. 제자들이 물었다.

"군자는 희로애락에 물들지 않는다고 하셨거늘, 스승님께서는 어찌하여 안연의 죽음에 그토록 슬퍼하십니까?"

"이런 제자가 세상을 떠날 때 슬퍼하지 않는다면, 어느 때 슬퍼할 수 있겠느냐. 어질고 어질도다. 회回(안연의 이름)여!!"

안연은 공자가 누구보다 아끼고 사랑한 제자였다.

그러나 백 박사께서 몇 생을 고심하다 깨치신 '바치는 가르침'을 실천해보니, 안연의 공경심은 참 군자의 공경심이 아님을 깨달았다. 진정한 군자라면 이렇게 표현하지 않을까 생각하였다.

인사 발령 거부 사건 이후, 스승에 대한 최의식의 공경심은 더욱 깊어졌다. 백 박사를 더욱 존경하게 되었으며, 무슨 생각이든지 바치라는 가르침은 인류를 구제하는 귀한 가르침임을 실감했다. 최의식은 백 박사를 닮겠다는 일념으로 머리를 빡빡 깎고 출근하였다. 백 박사가 어려서 사미(어린 남자 승려)로 출가하여 머리를 깎은 이후 일생을 그렇게 지냈기 때문이다.

한국은행은 매우 보수적인 직장이었다. 에어컨이 없던 그 시절 한여름에도 총재를 비롯한 간부 직원들은 긴팔 와이셔츠와 넥타이를 착용하고 출근해야 했다. 머리도 갓 이발한 듯이 단정하게 관리해야 했다. 이런 보수적 환경에서

승려처럼 머리를 빡빡 깎고 출근하는 것은 정말 하기 어려운 시도였다. 동료들은 눈이 휘둥그레졌고, 대놓고 말은 못 해도 뒤에서 수군거리는 소리가 끊이지 않았다.

"역시 돈키호테 같은 사람이야! 돌출 행위라니까."

"스승을 존경하는 거야 자유라지만, 이건 좀 심하지 않아? 남의 눈은 전혀 의식하지 않고 오직 자기 방식대로만 밀고 나가네."

"저렇게 스승을 닮고 싶으면 차라리 사표 내고 산으로 들어갈 것이지, 은행에는 왜 나온대?"

그러나 최의식은 티끌만큼도 흔들리지 않았다. 존경하는 스승을 닮고자 하는 마음을 굳게 지켰다. '내가 존경하는 사람 내가 닮겠다는데, 말들이 많네'라고 생각하며 고집을 꺾지 않았다.

그렇게 몇 달이 흘렀을 무렵, 한국은행과 일본은행이 도쿄에서 공동 세미나를 개최하게 되었다. 주제는 '국책은행의 자립 방안'이었다. 한국 측 대표 발표자로 최의식이 내정되었다. 소식을 들은 총재가 조용히 그를 불렀다.

"최 과장님, 달포 후에는 도쿄에 있는 일본은행에서 세미나 발표하시죠? 강연자의 복장이나 머리 모양은 본인의 자유입니다. 그러나 제 생각으로는 대한민국을 대표하는 국제 세미나에서 튀는 모습은 마땅치 않은 것 같습니다.”

총재는 지난번 사표 소동 때 그의 소신을 지켜준 따뜻하고 합리적인 상사였다. 아무리 대쪽 같은 최의식이라도, 자신을 아껴주는 총재의 진심 어린 권고까지 무시할 수는 없었다. 결국 그는 고집을 꺾고 다시 머리를 기르기 시작했다.

시간이 흐르며 은행 안팎에서는 최의식의 인품과 실력에 대한 찬사가 서서히 퍼지고 있었다. 빡빡 밀어버린 머리를 보며 혀를 차던 시선은 어느새 경이로움과 존경으로 바뀌어 있었다.

“자네 그 얘기 들었나? 죽음을 두려워하지 않고 은행을 지키고, 총재 명이라도 부당하면 직언하는 대쪽 같은 사람이 세상에 있네!”

“고려 말 충신 정몽주 같기도 하고.”

“그뿐인가? 지난번 한일 합동 세미나에서 한국 대표로

멋지게 발표해서 박수도 받았고, 다들 감탄하였대.”

그의 인품에 대한 이야기는 여직원들의 사적인 자리에서도 종종 화제에 올랐다.

“최 부장님, 이제 마흔이 넘으셨는데 아직 혼자래. 실력과 인품을 겸비한 최고의 신랑감 아니니?”

“부장 자리에 계시면서도 딸 같은 여사원한테까지 꼬박꼬박 존댓말을 쓰신다니까. 조카한테도 하대하지 않으신대. 그런 분이랑 결혼하면 평생 왕비 대접받고 살 거야.”

“직장 좋지, 사람 좋지. 최 부장 같은 남자를 만나는 여자는 얼마나 좋을까!”

최의식은 어느덧 은행에서 인품과 실력으로 존경받으며, 많은 사람의 사랑을 받는 존재가 되었다.

나이 사십이 넘자, 주변에서 본격적으로 결혼 권유가 쇄도하였다. 최의식은 지나온 자신의 삶을 회고해보았다. 아무런 잘못도 없는 어머니가, 단지 배우지 못했다는 이유 하나만으로 시댁에서 쫓겨났다는 사실은 너무나 충격적이었다. 그래서 소설 《레 미제라블》에 나오는, 약자를 돕는 데

일생을 바친 미리엘 주교를 깊이 존경하였다.

그리고 지금은 위대한 스승인 백 박사를 모시고 부처님의 가르침을 따르며 사는 것이 자신의 가야 할 길이라 믿고 있었다.

대부분의 결혼 권유는 예의상 조금 듣는 척하다 바로 거절하였다. 심지어는 백 박사가 어떤 인연 있는 규수와 결혼을 권하였지만 거부하였다. 그러나 이번만은 달랐다. 평소 자신을 각별히 아껴주었던 총재의 간곡한 제안을 차마 매몰차게 뿌리칠 수는 없었다.

총재는 최의식보다 세 살 많았지만, 이승만 대통령 시절 재무부 장관을 역임한 경제통이자 은행권의 대부였다. 은행 내에서는 훌륭한 인품과 출중한 실력으로 존경받았으며, 최의식과도 친밀한 사이였다. 평소 공무 외의 사적인 이야기를 거의 꺼내지 않던 총재가, 주변 사람들의 열화와 같은 권유로 마지못해 결혼 이야기를 꺼냈다.

"최 부장, 저에게 아주 참한 친척 동생이 있습니다. 가정환경과 성장배경이 최 부장님과 비슷하여, 어쩌면 천생연분이 아닐까 싶어 말씀드립니다. 동생은 33세로, 최 부장님보다 8살이 어립니다. 이화여대 음대 교수이고, 서울 태생으로 조선 명문대가의 둘째 딸입니다. 이화여전을 거쳐 일본 ○○대학 음대로 유학했고, 전공은 파이프 오르간입니다. 일본 유학 시절, 부모의 불화로 인한 스트레스를 달래고자 교회에 다니며 기독교에 깊이 심취하게 되었지요. 국내에 돌아와서도 종교와 음악을 넘나들며 종교음악에 몰입하던 중, 자연스럽게 결혼은 멀어졌고, 어느덧 과년한 처녀가 되었습니다.

제가 보기에는 최 부장님과 제 동생 곽 교수가 맺어진다면 더할 나위 없는 한 쌍이 될 겁니다. 성격이 차분하고, 남편을 성심으로 섬길 사람입니다. 부담 갖지 말고 한번 만나보시는 게 어떻겠습니까?”

최의식은 처음 이야기를 들을 때 ‘또 결혼 이야기인가’ 하며 적당히 중간에 거절하려고 했다. 하지만 이야기를 듣다 보니, 자기도 모르게 점점 빠져들어, 한번 만나보고 싶은 생각도 들었다. 무엇보다 총재의 인품을 존경해온 터라, 거절하기가 쉽지 않았다. 순간, 그의 머릿속에 “결혼해 보지 않겠니?” 하셨던 백 박사의 말씀이 떠올랐다. 그러면서 '나에게 결혼 인연이 있기는 있단 말인가? 그래서 선생님께서도 결혼 이야기를 하셨던 것이 아닐까?' 하는 생각이 꼬리를 물고 이어졌다.

그러나 이런 생각과는 달리 그의 입에서는 자신도 모르게 이런 말이 튀어나왔다.

"총재님, 과분한 말씀 감사합니다. 하지만… 저는 노부모를 모셔야 하고 어린 동생들 공부도 시켜야 하는 처지입니다. 물론 거처할 집 한 칸도 마련할 수 없는 어려운 형편입니다. 지금은 결혼을 생각할 때가 아닙니다."

이는 엄연한 현실로, 지금 형편으로는 도저히 결혼 생각을 할 수가 없었다. 배려심 깊은 총재는 그의 사정을 듣고 더 이상 권하지 않았다.

사실 형편은 예나 지금이나 크게 달라진 것이 없다. 그런데 지금껏 결혼하지 않겠다는 이유는 경제적 문제가 아니었다. 미리엘 주교처럼 어려운 사람을 도우며 독신으로 살고 싶었기 때문이었다.

그러나 이번에는 '돈이 없다'는 지극히 현실적인 이유가 튀어나온 것이다.

왜 결혼을 거절하는 이유가 바뀌었을까? 자신도 잘 알
수 없었다.

며칠 후 최의식은 백 박사를 찾아갔다. 당시 백 박사는
손 선생님을 모시고 장충동에서 지냈다. 최의식은 그사이
공부하며 깨친 이야기와 함께, 총재가 꺼낸 혼담, 그리고
자신이 경제적 이유로 거절하였다는 이야기를 하였다. 백
박사는 묵묵히 듣고만 있었다. 결혼에 대해서는 일언반구
도 없었다. 그날은 날이 어두워지도록 이야기가 길어졌다.

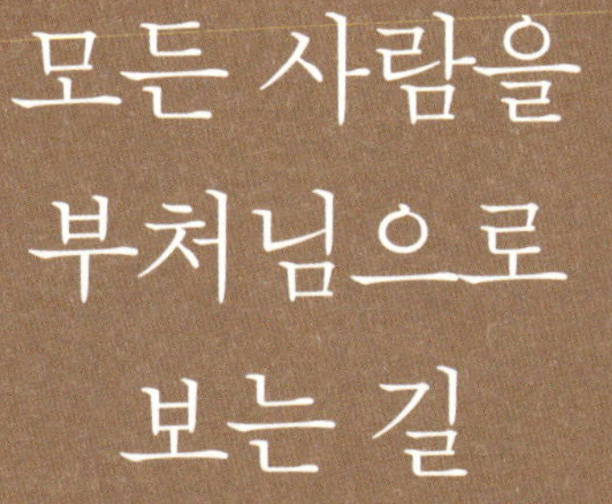

모든 사람을
부처님으로
보는 길

"오늘은 이야기가 길어져서 벌써 날이 어둑하구나. 날씨도 으스스한 것이, 이런 날엔 어두운 기운이 발동하기 쉽다. 돈암동까지 혼자 가기 힘들겠구나. 내가 바래다주마."

최의식은 늘 그렇듯이 스승의 말씀에 가타부타 토를 달지 않고 말없이 앞장섰다. 장충동에서 돈암동까지는 약 십

리 길(약 4킬로미터), 족히 한 시간은 걸리는 거리였다.

날이 어두워지기 전에 되돌아가셔야 한다고 말씀드리려는 순간, 아차! 싶었다. 스승께서 자신을 염려해 어둡고 음산한 길을 함께 오신 것을 생각하니, 밤길에 혼자 가시게 하는 것은 도리가 아니었다. 그래서 자신도 스승을 장충동까지 바래다드려야겠다고 마음먹었다.

"선생님, 날이 더 어두워지고 날씨도 여전히 음산합니다. 선생님께서 저에게 해주시듯, 저도 선생님을 장충동까지 모셔다드리고 싶습니다."

"그래, 그럼 그렇게 하거라."

스승과 함께 장충동에 도착할 무렵, 날은 더욱 어두워졌고 바람도 더 세게 부는 것 같았다. 장충동에 도착하자 최의식은 인사드리고 돌아섰다.

"선생님 안녕히 계십시오. 저는 그만 가보겠습니다."

이번에는 백 박사가 그를 불러 세웠다.

"아니다. 날이 더 어두워졌구나. 바람도 더 세게 불고. 아무래도 이 밤중에 너를 혼자 보낼 수 없을 것 같다. 자, 가자, 네 집으로."

최의식은 '나를 다시 돈암동까지 바래다주고 되돌아오실 때는 밤이 더욱 깊어질 텐데' 하는 생각에 "선생님! 이제 그만 댁에서 쉬십시오"라는 말이 입안에 맴돌았다. 그러나 밝은 스승님이 하시는 일에는 분명 깊은 뜻이 있을 터였다. 입안에 맴도는 말을 얼른 부처님께 바치고 다시 앞장서 걸었다.

스승의 말씀 앞에서 단 한 번도 "아니오"라 하지 않고, 언제나 "네" 하는 제자의 마음과 무언가를 깨우쳐주려는 스승의 따뜻한 마음이 어우러져 만들어진 수행의 작품!

그날 밤, 두 사람이 서로를 배웅하며 걷는 포행은 날이 밝을 때까지 여섯 번이나 오고 가며 이어졌다.

'도대체 무슨 일이기에 밤새도록 걷게 하시는가! 나에게 무엇을 깨우쳐주시려고 이토록 따뜻하게 대해주시는가!'

어느덧 동쪽 하늘이 붉게 물들며 먼동이 터오기 시작했다. 밤새 드리웠던 음산한 구름은 자취를 감추고, 찬란한 아침 햇살이 세상을 비추었다. 밤새 육칠십 리 길을 걸었으니 녹초가 되어야 마땅했으나, 어찌 된 영문인지 최의식은 조금도 피곤하지 않았다.

오히려 가슴속에서 환희심이 벅차올랐다. 그것은 단순히 좋은 기분을 넘어, 영적으로 몇 단계 상승하여야 비로소 맛볼 수 있는 환희였다. 무시겁無始劫(시작을 알 수 없는 한없이 먼 과거에서부터)에 마음속 깊이 차곡차곡 쌓여 있던 모든 불평과 불만, 외로움을 한순간에 쓸어내는 것 같았다. 그 상쾌한 기분은 마치 부처님의 세계에 들어선 듯, 별천지의 감동이었다.

성자의 사랑은 조건 없는 사랑이요, 무주상無住相의 사랑이라고 생각했다. 그 사랑이 사람의 마음을 깊이 감동하게 할 수 있다고 생각하였지만, 이렇게까지 영적 세계를 몇 단계 상승시키는 위력이 있으리라고는 미처 생각하지 못하였다.

그날 이후, 최의식의 내면에는 놀라운 변화가 일어났다. 마음의 지평이 한없이 넓어져, 세상 그 어떤 악인이라도 품고 용서할 수 있을 것 같았다. 무엇보다 놀라운 것은, '세상에 모를 일이 하나도 없게 되었다'는 사실이었다. 그동안 자신을 가두었던 선입견과 고정관념이 모두 착각이요 허상임을 깨닫게 되었다.

《금강경》 사구게, '범소유상 개시허망 약견제상 비상 즉 견여래凡所有相 皆是虛妄 若見諸相 非相 則見如來'라는 부처님 말씀을 깊이 실감하며 부처님께 감사하였다.

그는 잠시 지난날을 되돌아보았다. 한때 가슴 벅차게 감사하고 감격했던 순간들, 그리고 평소 자신의 철학과 어긋난다고 하여 미워하고 거부했던 일들이 이젠 모두 별 의미 없이 느껴졌다. 특히 가톨릭 사제가 되겠다는 이유로 결혼이 나에게는 당치않은 일이라 생각했던 일, 또 최근에 경제적 이유로 결혼 제의를 거절했던 자신의 주장이 모두 헛된 것임을 깨달았다.

'본래 정한 것이 없어야 밝아지는 가르침〔無有定法 名阿耨多羅三藐三菩提〕'이라는《금강경》 말씀과 같이, 그의 마음속에 모든 선입견과 고정관념이 녹아내려 사라지는 듯하였다. 선지식善知識에 대한 끝없는 감사의 마음이 새록새록 깊어만 갔다.

며칠 후, 은행 총재에게서 다시 연락이 왔다.

“최 부장님, 며칠 전에 말씀드린 제 친척 동생 곽 교수,
기억하시지요? 곽 교수에게 최 부장 이야기를 했어요. 제
가 곽 교수의 동의도 없이 우리 은행에 참하고 훌륭한 사
람이 있어 결혼 이야기를 꺼냈다고 솔직하게 말했어요. 최
부장이 곽 교수는 자신에게 과분하고, 더구나 경제적인 사
정 때문에 고사해서 아쉬웠다고요.”

총재의 목소리는 여느 때보다 들떠 있었다.

“그런데 참 묘한 일입니다. 곽 교수가 무슨 연분이 있는
지, 다른 지인에게 알아보았나 봐요. 엊그제 전화가 왔어
요. ‘오빠, 제가 한국은행의 ○○ 씨에게 최 부장에 대해 자
세히 알아보았는데요. 생각보다 더 훌륭하시더군요. 그런
분이 저에게 조금이나마 관심이 있다면 영광이지요. 만약
경제적인 문제 때문에 망설이시는 거라면 걱정하지 마시
라고 전해주세요. 오빠도 아시다시피 저는 물려받은 재산
이 넉넉합니다. 저는 존경할 만한 분이라면 경제적으로도
뒷받침하여 모실 수 있습니다. 좀 부끄럽지만, 어쩐지 그
분이 마음에 듭니다. 만일 그분이 저를 만나고자 한다면,
만나게 해주세요’ 하는 겁니다.

그런데… 하나 마음에 걸리는 것이 있습니다. 제가 알기로 최 부장은 머리를 깎으면서까지 스승을 따르는 불자신데, 곽 교수는 독실한 기독교인이에요. 유서 깊은 새문안 교회의 권사지요."

최의식은 참 이상하게도 아무런 거부감이 들지 않았다.

백 박사를 만나 마음공부를 하기 전의 그였다면 어땠을까? 대쪽 같은 성미에, 종교마저 다르다는 이유로 일언지하에 거절했을 것이다.

그러나 백 박사와의 만남, 특히 장충동과 돈암동을 여섯 번이나 오가며 밤을 지새웠던 그 '이심전심, 침묵의 포행'은 그의 내면을 송두리째 바꿔놓았다. 그날 밤, 그토록 견고해 보이던 '나의 고결한 주장' '나의 고상한 철학' '나의 절대적 종교'라는 아집의 성벽이 와르르 무너져 내린 것이다.

'나와 다르다는 것이 거절의 이유가 될 수는 없다.' 그는 생각했다. '나를 부처님처럼 생각하고 받들려는 사람이라면, 나 또한 마땅히 그를 부처님처럼 받들고 살아야 하지 않겠는가.' 종교가 다른 것도 아무런 문제가 될 수 없었다.

146

일사천리로 결혼이 이루어졌다. 결혼식은 곽 교수의 뜻대로 새문안교회에서 담임 목사의 주례로 거행되었다. 백 박사는 사랑하는 제자의 결혼을 축하하기 위하여 꽃다발을 들고 제일 앞자리에 앉았다.

예식을 마친 신혼부부는 교회 한쪽에 마련된 폐백실로 향했다.

양가 가족과 친지들이 지켜보는 가운데, 두 사람은 백 박사께 정성껏 삼배를 올렸다. 백 박사는 더없이 자애로운 눈빛으로 이들에게 말하였다.

"그대들은 이기적 목적을 결혼의 조건으로 하면 아니 됩니다. 내가 더 행복해지기 위해, 더 잘살기 위해, 상대의 재능과 배경을 이용해 자신을 더 업그레이드하기 위해 결혼하려는 것은 모두 이기적인 것입니다. 결혼이란 여러 생에 걸쳐 서로 맺어온 업보를 해탈하기 위해 성립되는 것입니다. 그렇다면 여러 생에 맺은 업보를 해탈하는 길은 무엇인가? 항상 상대에게 어떤 분별심도 내지 않고, 무엇을 기대하지 않는 삶을 사는 것입니다. 하물며 상대를 이용하려 하거나 상대가 뭔가 해주기를 바라는 마음으로 결혼해서는 안 됩니다. 즉, '이번에 내가 이렇게 잘했으니, 다음은 당신이 잘할 차례'라는 사고방식에서 완전히 벗어나야 합니다. 오직 베푸십시오. 항상 서로에게 대가 없이 베푸는 마음, 조건 없는 마음을 연습하십시오. 그때 비로소 무시 겁으로 지은 업보를 해탈하게 되어 진정한 자유와 행복을 얻게 됩니다."

제자들에게 한 번도 존칭을 쓰지 않던 백 박사가 이날만은 깍듯하게 존칭을 썼다. 그 어느 때보다 간곡하고 진실한 당부가 담긴 것을 느낄 수 있었다.

148

진실한
마음으로 맺어진
결혼은 참 행복을
창조한다

한국은행 창립 기념식을 마친 저녁, 총재는 부장급 이상 간부와 그 배우자들을 초청해 만찬을 열었다. 평소 부부 동반 모임에 좀처럼 모습을 드러내지 않던 곽 교수도 이날만은 참석하여 자리를 빛냈다. 우아한 기품이 흐르는 그녀의 등장에 좌중의 시선이 쏠렸고, 화제는 자연스레 결혼

3년 차에 접어든 최의식 부장의 신혼 생활로 모아졌다.

김 부장이 말문을 열었다.

"곽 교수님께서 이리 참석해주시니 자리가 훨씬 환해졌습니다. 소문은 익히 들었습니다만, 두 분 결혼이 벌써 3년이 되었군요. 항간에는 두 분이 3년 동안 단 한 번도 다투지 않으셨다던데, 그게 정말입니까?"

곽 교수는 수줍게 웃으며 고개를 끄덕였다.

"네, 맞습니다. 과분할 정도로 행복하게 지내고 있습니다."

맞은편에 앉은 이 부장이 감탄하며 거들었다.

"아무리 잉꼬부부라 해도 남들 앞에서 '정말 행복하다'고 말하기는 쉽지 않은 일인데, 교수님 표정을 보니 빈말이 아니군요. 최 부장님, 본인도 그렇게 느끼십니까? 도대체 그 비결이 뭡니까?"

최의식은 온화한 미소를 머금고 대답하였다.

"곽 교수 말씀대로, 진정 행복합니다. 혼자 살 때보다 훨씬 행복합니다. 행복의 비결을 묻는다면… 글쎄요. 아마도 '내' 사람이나 '내' 아내라는 생각을 하지 않는 것이 첫 번째 이유일 겁니다."

모두 귀를 기울이며 집중했다.

"내 사람이나 내 아내가 아니라, 내가 섬기고 받들어야 할 사람이라 생각합니다. 또 곽 교수가 학교 선생이라 저는 결혼 초부터 그를 '선생님'으로 불렀습니다. '여보' '당신'처럼 '내〔我〕'가 담긴 호칭은 피했습니다. 제가 선생님이라 부르니, 곽 교수도 저를 '선생님'이라 불렀지요. 얼핏 보면 남남처럼 냉랭해 보일지 모르나, 실은 정반대였습니다. 서로를 존중하는 마음이 깊어져 오히려 관계가 더 돈독해짐을 느낍니다."

평소 매너 좋기로 소문난 박 부장이지만, 이번만큼은 궁금함을 참지 못하고 물었다.

"실례지만 사모님이신 곽 교수님의 생각은 어떠신지요? 최 부장님이야 워낙 예의가 바르셔서 아랫사람에게도 존댓말을 쓰시니 '선생님' 호칭이 자연스러워 보입니다만… 듣는 입장에서는 조금 다를 수도 있지 않겠습니까? 오백 년 조선조의 가부장제만 보더라도, 여성은 대체로 남성에게 의존적이어서 깍듯한 존칭보다는 따뜻한 사랑을 더 선호하는 듯합니다. 혹시 집에서도 '선생님, 선생님' 하는 분위기가 가끔은 식상하거나 거리감이 느껴지지는 않으신지요?"

곽 교수가 차분하게 대답했다.

"우리나라에서 남편이 아내를 '선생님, 선생님' 하고 부른다면, 오히려 달가워하지 않을 여성이 많을 겁니다. 그러나 저는 비교적 개방적인 분위기의 집안에서 자랐습니다. 아버지는 어머니께 깍듯하게 존댓말을 쓰셨어요. 하지만 보수적인 할머니께서는 그걸 몹시 못마땅해하셨죠. '사내자식이 마누라한테 쥐여살면 집안이 뭐가 되겠느냐? 암탉이 울면 집안이 망한다고 하지 않느냐?'고 핀잔을 주셨으니까요. 결국 아버지는 할머니 눈치를 보느라 밖에서는 다정하고 집안에서는 엄한 척, 본의 아닌 이중생활을 하셔야만 했습니다."

곽 교수는 잠시 옛 생각에 잠긴 듯하더니 말을 이었다.

"저는 어린 마음에도 그런 가부장제가 늘 불만스러웠습니다. 그래서 아내를 소유물로 여기는 남자와는 절대 결혼하지 않겠다고 다짐했지요. 그러던 차에 최 부장님이 여자를 소유물로 여기지 않는 분이라는 이야기를 듣게 되었고, 그런 분이라면 기꺼이 결혼할 수 있다고 생각하였습니다. 저는 부부가 서로 존칭을 쓰는 것이야말로 가정의 행복을 불러오는 근원이라 믿습니다.”

곁에 앉아 있던 박 부장의 부인도 조심스레 이야기하였다.

“말씀을 듣고 보니 이해가 가네요. 최 부장님 말씀처럼, 곽 교수님도 결혼이 이렇게 좋을 줄 알았다면, 진작 결혼하셨을 텐데요?”

“호호, 네.”

분위기가 무르익자 늘 쾌활한 손 부장이 장난스럽게 질문을 던졌다.

“그래도 부부 사이에 서로 ‘여보, 당신’ 하지 않고 ‘선생님, 선생님’ 하고 예의를 차려 점잖게 부르면, 오히려 결혼의 재미가 덜하지 않으신가요?”

이번에는 최의식이 부드럽게 말을 받았다.

“그렇게 생각할 수도 있겠지요. 하지만 친근한 호칭을 쓰다 보면, 무심코 예의에 벗어나는 말이 나오기 쉽습니다. 그런 말 때문에 다투는 경우도 흔히 보았습니다. 반대로 '선생님, 선생님' 하고 부르면 처음엔 다소 서먹한 듯해도, 그 속에서 진정한 공경심이 자라나고, 오히려 깊은 우정과 신뢰가 싹트는 것을 느끼게 됩니다."

"그럼 정말 3년 동안 부부싸움은 한 번도 없으셨습니까?

"네, 단 한 번도 없었습니다. 애초에 싸울 만한 빌미를 만들지 않기 때문입니다. 조금 부끄러운 이야기입니다. 저나 곽 선생이나, 몸이 아파 병원에 갈 일이 있어도 오늘 회사 쉬고 병원에 간다고 말하지 않습니다. 그렇게 말하면 상대가 염려하게 되고, 염려는 곧 불안으로 이어지며, 불안이 연속되면 결국 다툼의 씨앗이 될 수 있기 때문입니다. 그래서 우리는 병원에 갈 일이 있어도 병원에 간다고 하지 않고 출장 간다고 말합니다. 서로 갈등의 원인을 아예 만들지 않았기에 지금까지 다툼이 없었던 것입니다."

김 부장 부인이 눈을 동그랗게 뜨고 물었다.

"어머나, 정말 철저하시네요. 그런데 혹시라도 은행에 확인 전화를 했다가 거짓말인 게 들통나면 어쩌죠? '왜 아픈 걸 숨겼냐'며 오히려 더 큰 싸움이 되지 않을까요?"

최의식이 웃으며 답변하였다.

"곽 교수는 제 말을 단 한 번도 의심한 적이 없습니다. 설사 은행에 전화를 걸어 제가 출장 대신 병원에 갔다는 사실을 알게 된다 해도, 그것이 부부싸움으로 이어질 일은 없습니다. 오히려 '남편이 나를 조금이라도 걱정시키지 않으려 그런 연극까지 하셨구나' 하고 고마워할 겁니다. 그리고 제가 상대에게 심려를 끼치지 않으려는 마음이 곽 교수에게 전달되었는지, 그 역시 몸이 아플 때 제가 했던 것처럼 합니다. 제게 전혀 심려를 끼치지 않습니다."

이 부장의 부인도 궁금한 것을 질문하였다.

"정말 이상적인 결혼생활이네요. 실례가 안 된다면 종교 문제도 여쭤봐도 될까요? 두 분은 불교와 기독교로 각자의 신앙이 아주 독실하다고 들었습니다. 보통 그 문제로 많이들 다투는데, 그런 일이 없으신지 궁금합니다."

이번에는 곽 교수가 말하였다.

"저는 일요일이면 빠짐없이 교회에 나가는 기독교 신자입니다. 최 선생은 절에 가시지는 않지만, 매달 한두 번 스승이신 백 박사님을 찾아뵙지요. 다행히 시간이 겹치지 않아서 충돌할 일이 없습니다. 일요일에 특별한 약속이 없으면, 최 선생은 반드시 제가 다니는 새문안교회까지 바래다주십니다. 한 번도 거른 적이 없어요. 또 해마다 정초에 우리 부부는 함께 백 박사님을 찾아뵈어 새해 인사를 드립니다. 박사님께서 병원에서 퇴원하시고 칠십여 일 요양하실 동안, 우리는 하루도 빠짐없이 찾아뵙고 안부를 전했습니다."

그 자리에 모인 부부들은 저마다 탄성을 자아냈다.

"참 이상적이고 행복한 결혼생활이군요. 정말 부럽습니다. 진실한 마음이면 천하의 모든 불행을 다 축복으로 바꿀 수 있다는 진리를 실감하였습니다. 최 부장님과 곽 교수님, 길이길이 행복한 가정 이루시고 복 많이 지으시기를 바랍니다."

1968년, 어느새 최의식이 결혼한 지 8년째였다. 최의식은 소사에 백 박사를 뵈러 방문하였다. 그 무렵 백 박사는 소사 도량에 상주하였고, 많은 젊은 남녀가 소사 도량에서 《금강경》 실천수행을 하고 있었다. 그들 대부분은 결혼이 수도에 방해가 된다고 생각하고 있었다. 수도란 모름지기 애욕의 사슬을 끊고 해탈하는 길인데, 결혼은 오히려 애욕의 불길에 기름을 붓는 격이라 여겼기 때문이다. 따라서 진정한 수도자는 속세를 등지고 출가하는 것이 마땅하다고 생각하였다.

그런 젊은 수행자들에게 결혼하고도 한결같이 수행하는 최의식은 자연스럽게 관심의 대상이었다.

어느 날, 한 젊은이가 용기를 내어 그에게 다가와 물었다.

"선생님, 저는 여기서 백 박사님을 모시고 《금강경》을 공부하는 사람입니다. 젊은이가 수도의 길에 들어설 때 갈등하는 것은 사회생활하면서 수도 생활을 잘할 수 있을까 하는 것입니다. 또 하나는 가정을 이루고도 수도 생활을 동시에 잘 해낼 수 있을까 하는 것입니다. 저희가 보기에 선생님께서는 수도 생활도 잘하시고, 동시에 사회생활과 가정생활도 원만히 꾸리시는 것 같습니다. 저희는 사회생활을 잘하려면 수도를 포기해야 하고, 또 가정에 충실하면 수도가 잘 안될 것 같다고 생각합니다. 선생님 생각은 어떠십니까?"

최의식은 잠시 생각에 잠겼다가 대답하였다.

"사회생활을 잘하려면 수도를 포기해야 하고, 가정에 충실하면 수도는 잘할 수 없다는 생각은 일반적으로 옳습니다. 그러나 그것은 선지식을 만나지 못했다는 전제로 하는 말입니다.

이 세상에는 선지식이라는 참으로 희유希有한(드물고 귀한) 존재가 있습니다.

선지식은 어떤 분인가? 모든 난제의 원인을 자기 마음속에서 찾고 난제의 해법도 자기 마음속에서 찾아 해결할 수 있는 분입니다. 백 박사님 같은 선지식은 '부처님께 바치는 법'을 통하여 병약을 건강으로, 빈곤을 풍요로 만들어주십니다. 또한 무지를 지혜로, 무능을 능력으로 만들어주십니다. 어두움을 밝음으로, 재앙을 축복으로 만들어주시는 분입니다.

나는 선지식을 만나 근본부터 달라졌습니다. 만일 내가 선지식을 만나지 않았다면, 결혼하지 않았거나 결혼하더라도 불행하게 되었을 것입니다. 다행히 선지식을 만나고 가르침을 그대로 성실하게 따른 결과, 놀랄 만한 변화를 체험했습니다. 불행으로 흐를 수도 있던 결혼을 참 행복한 결혼으로 만들 수 있었습니다.

여기서 백 박사님이라는 희유한 선지식을 만나 공부하시는 분들은 정말 큰 행복이고 행운입니다.

결혼하든 안 하든 아무 걱정하지 마십시오.

선지식의 가르침을 잘 받들고 실천하는 사람에게는 나쁜 일, 불쾌한 일 모두 결국 좋은 일, 행복한 일로 틀림없이 바뀌기 때문입니다."

지혜로운 대승의 삶

최의식 선생님은 치악산에서의 백 일 공부만으로도 세상을 행복하게 살 수 있었을 것입니다. 하지만 백 박사님은 그가 가져온 전생의 서원誓願을 아시고, 세상에 큰 일꾼으로 많은 사람을 구제하는 보살행을 해야 한다고 보셨습니다. 돈암동에서 본격적으로 대승 공부를 시키신 결과, 최 선생님은 범부에서 성자로 완전히 바뀌었습니다.

저는 선생님의 인격이 원숙했을 때 처음 만났습니다. 최의식 선생님의 집이 홍익대학교 정문 앞에 있었고 저도 홍대에 근무하며 근처에 살았기 때문에 자주 마주쳤습니다. 당시 일흔이 넘은 그는 매일 아침 홍대 교정을 지나 와우산으로 세 시간 정도 걸었습니다. 홍대 수위 중 그를 모르는 사람은 아무도 없었다고 합니다. 늘 같은 시간에 정장에 넥타이를 매고 앞만 보고 꼿꼿하게 걷는 그를, 사람들은 무척 어려워하였습니다.

그래도 같이 《금강경》 공부하는 사람에게는 참 다정하였습니다.

오직 베풀기만 할 뿐 바라지 않는다

최 선생님은 저를 백 박사님의 가르침을 잘 전하여 보존할 적임자로 보았던 것 같습니다. 항상 먼저 저를 불러 점심을 대접하였습니다. 늘 약속 시간보다 10분 일찍 도착해

미리 계산해놓았고 작은 선물을 주셨습니다. 또 제가 불사佛事를 할 때마다 넉넉하게 성금을 주셨습니다.

범부는 늘 주고받는 'Give and Take'의 계산으로 움직이지만, 그분은 티 내지 않고 오직 베풀기만 할 뿐, 대가를 바라거나 기대하지 않았습니다.

저는 최 선생님을 뵙고 그분의 마음 씀씀이와 행동을 배우며, 백 박사님의 가르침을 비로소 더 깊이 이해할 수 있었습니다.

'오직 베풀 뿐 바라지 않는 정신, Only Give and No Take.' 성자의 특징이자 백 박사님의 가르침의 정수입니다. 이 정신은, 현재 원당 법당의 정체성이 되어 무료 급식·무료 교육·무료 숙식의 실천으로 면면히 이어지고 있습니다.

스승에 대한 절대 공경심
백 박사님은 절대, 나는 제로

최의식 선생님은 '이럴 때 스승님께서는 어떻게 하실까?'라고 몇 번이고 물어, 그 해답에 의해 행동한 분입니다. 백박사님께 매달리거나 여쭙지 않았습니다. 한번은 원당 법당에 강의를 청했는데, 물어본 적이 없으니 들은 것이 없다며 극구 사양하다가 겨우 수락하였습니다. 자신의 이야기에 앞서 이화여자대학교 교목이었던 김흥호 목사님(1919~2012)이 스승 유영모 선생님(1890~1981)을 존경하며 쓴 글, 〈스승은 절대요, 나는 제로〉를 그대로 읽어주었습니다.

그는 스승을 빛내는 일이라면 자기가 도저히 할 수 없는 것도 어떻게든 해내려 하였습니다.

백 박사님께서 돌아가신 뒤의 일입니다.

최 선생님은 동국대학교를 크게 발전시키신 분이 백 박사님이니, 동국대학교에 묘지와 동상을 세워야 한다고 생각했습니다. 그러나 사람들은 백 박사님께서 동국대학교와 대법원까지 가는 소송을 하였기에 도저히 불가능한 일이라고 했습니다. 용감하게도 그는 직접 총장에게 전화를 걸어, 백 박사님의 묘지와 동상을 동국대학교에 세워달라고 요청하였습니다. 뜻대로 이루어지지 않았지만, 최 선생님께서 후에 손 선생님과 백 박사님의 동상을 만들어 원당 법당에 기증하셨습니다.

또, 소사 도량은 백 박사님이 세우셨으나 소유권은 J 여사에게 있었습니다. J 여사의 권력은 막강하였기에 사람들은 두려워하며 눈치만 봤습니다. 그런데 최 선생님은 임종 직전에 J 여사를 불러 소사 땅을 동국대학교에 기증하라고 유언하였습니다. 처음에는 이 말을 귀담아듣지 않던 J 여사가 나중에는 그 땅을 기증할 마음을 내었습니다.

비록 뜻을 이루지는 못했지만, 이러한 시도 자체가 대단한 공경심입니다. 목숨을 바치는 것보다 쉽지 않은, 대단한 용기라고 생각합니다.

최 선생님은 6·25 직후 백 박사님께서 당시 과수원이었던 서울 근교(현재 강남)에 10만 평의 땅을 사라고 권하셨는데, 그러지 못한 일을 두고두고 후회했습니다. 그랬다면 종합대학 하나를 세울 만한 큰돈을 백 박사님께 드렸을 텐데, 그 기회를 놓친 것을 굉장히 아쉬워하였습니다.

그는 백 박사님의 은혜를 갚는 일이라면 무엇이라도 하겠다, 어떠한 거액이라도 주저 없이 백 박사님께 바칠 수 있다고 여러 차례 말하였습니다. 그의 공경심은 자신을 다시 태어나게 한, 구세주와 같은 스승의 크나큰 은혜를 갚으려는 마음이었습니다.

모든 사람을 부처님처럼 보다

최의식 선생님은 모든 사람을 부처님처럼 대하였습니다. 그는 절대 남의 허물을 이야기하지 않았습니다. 그리고 새까맣게 어린 저를 높은 사람 섬기듯이 대하였습니다. 25세 연상의 아버지뻘인 그는 전화할 때마다 "김 박사님, 저 최의식입니다" 하며 자신을 낮추었습니다. 부인에게도 그렇게 하였습니다.

보통 부부가 택시를 타면 나란히 뒷좌석에 앉는데, 최 선생님은 부인을 뒷자리에 모시고 자신은 기사 옆자리에 앉았습니다. 홍익대 앞에서 그 장면을 여러 번 보았습니다.

말년에 부인이 병에 걸려 천주교에서 운영하는 양로원에 들어갔습니다. 최 선생님 방 바로 옆방에서 부인과 간병인이 함께 지냈습니다. 마치 자신이 아랫사람인 듯, 부인의 방문 앞에 서서 옷깃을 여미고 고개를 숙인 채 문을 두드리며 공손히 "선생님" 하고 부르는 모습을 본 적이 있습니다.

최 선생님은 부인을 '친한 사람, 내 아내'로 대하지 않고 '시봉해야 할 사람, 선생님'으로 모셨습니다.

하루는 신부님이 강론 중 "내생에도 부부로 다시 만나고 싶은 분은 손을 들어보라"고 했는데, 최의식 선생님 혼자만 손을 들었다고 합니다. 정말 다시 만나고 싶어서라기보다 옆에 있던 부인이 서운할까 봐, 부인을 배려한 행동이지 않을까 싶습니다.

또 부인이 서울 세브란스 병원에 자주 다녔는데, 안성 양로원에서 늘 모범택시로 모시고, 입원할 때는 항상 1인실을 썼습니다. 상당한 비용이 들었지만 조금도 아까워하지 않았습니다. 부인의 병을 고칠 수 있으면 미국이라도 가겠다고 했습니다. 부인이 아팠던 8년 동안 모든 여행과 외출을 삼가고 곁을 지킨 그를, 주위에서는 '일편단심 남자 춘향'이라 불렀습니다. 그 정성으로 나중에는 부인의 병이 상당히 호전되었다고 합니다.

최후의 순간에 드러난 위대한 성자의 면모

2015년, 건강하게 지내시던 최의식 선생님이 갑자기 쓰러져서 세브란스 병원에 입원했다는 소식을 들었습니다. 당시 제 형편은 개인적인 살림은 꾸려갈 만했으나, 법당을 운영하다 보니 늘 여유가 없었습니다. 언젠가 선생님이 마지막 길을 떠나실 때 보호자로서 그 책임을 다하겠다고 늘 마음먹었지만, 현실적으로는 부끄럽게도 겨우 백만 원을 마련해 병원을 찾았습니다. 최 선생님은 누운 채 말씀도 못하시고 겨우 필담만 가능하였습니다.

오래 머무는 것이 도리어 폐가 될까 싶어, 저는 병실을 지키던 간병인에게 조용히 봉투를 맡기고 돌아섰습니다. 그분은 20년 넘게 선생님 댁의 집안일을 돕고 사모님도 간병하던 오랜 인연으로, 자청하여 병실을 지키고 계셨습니다.

그런데 이틀 후 한 젊은이가 저를 찾아왔습니다. 최 선생님의 처조카였습니다. 이모부께서 "김원수는 지금 몹시 어려워, 한 푼이 아쉬울 때다. 꼭 그의 자택을 찾아서 그 돈을 갖다드려라"라고 간곡히 부탁했다고 하였습니다. 어떻게 알고 찾아왔는지 자세히 물어보지 않았습니다. 여유가 있었다면 극구 사양하였을 텐데, '어떻게 내 마음을 이렇게 잘 아시나' 생각하며 그 돈을 받았습니다.

그때 문득 대학 1학년 때 배웠던 소크라테스의 이야기가 떠올랐습니다. 소크라테스가 독배를 마시고 죽어가며 정신이 혼미할 때, 크리톤에게 자신이 생전에 빚진 것을 갚아달라고 하였다고 합니다. 최 선생님의 행동이 마치 이와 같이 느껴지며, 그는 소크라테스 못지않은 성자가 아닐까 생각하였습니다.

최 선생님은 말은 못 하지만 다 알고 계셨습니다. 병실에 종일 누워 있어 몸이 몹시 괴로울 때도 자신보다 상대를 더 걱정하였습니다. 제가 어렵다는 소리 한 번도 한 적이 없는데 저의 형편을 너무 잘 아셨습니다. 최의식 선생님은 모든 것을 다 아는 훌륭한 분, 위대한 분이었습니다.

저는 그것을 그분 최후의 순간에 비로소 알게 되었습니다.

나는 무엇을 하려고 이 세상에 태어났는가?

그 자세한 이유는 나로서도 알 수 없는 일입니다. 그러나 내가 걸어온 길을 회고해보면, 무엇인가를 가르치려는 목적을 가지고 이 세상에 태어난 것만은 분명해 보입니다.

일생 남을 가르치는 일 한 가지만 해왔기 때문입니다.

가르치는 일이 평생의 천직이 되었기에 나는 늘 '선생님'이라 불렸습니다. 처음에는 일반적인 지식을 가르치는 '선생님'으로, 전문 지식을 가르치는 사람으로 인정받으면서 '교수님'이라고도 불리게 되었습니다. 정년퇴직 후에는 전공과 상관없는 부처님의 가르침을 전하는 사람으로 인정받아 방송과 언론에 자주 출연하게 되었고, 어느덧 '법사님'으로도 불리게 되었습니다. 그러기에 나는 10권의 저서에서도 나를 소개할 때 '선생님, 교수님, 법사님'이라는 호칭을 쓰며, 내 삶을 은근히 자랑스럽게 소개해오곤 했습니다.

그러나 이번에 출간하는 《참 영원한 성자들의 크신 사랑》은 기존의 책과는 출발부터 관점이 전혀 다릅니다. 이전의 책들이 나의 경험과 깨달음을 가르치려는 '선생'의 입장에서 쓴 것이라면, 이 책은 성자의 마음을 닮고자 하는 '구도자'의 마음으로 쓴 책이기 때문입니다. 나를 드러내기보다 '성자의 은혜를 갚고 부처님을 시봉하겠다'는 마음으로 출발했다는 것이 다릅니다.

오직 성자라야만 성자의 세계를 알 수 있는 법인데, 성자의 세계를 잘 알지 못하는 범부인 내가 감히 성자의 세계를 그려내려 애쓰며 참으로 어렵사리 이 책을 마무리하였습니다.

기존의 책을 쓸 때의 저자 소개와 공경심을 바탕으로 쓴 《참 영원한 성자들의 크신 사랑》을 쓸 때의 저자 소개는 당연히 동일할 수 없을 것입니다. 이 책에서 성자들의 세계를 그리면서 나는 진실한 마음, 일체 가식이 없는 벌거벗은 마음을 드러내는 연습을 할 수밖에 없었기 때문입니다. 거짓된 마음으로는 단 한 줄도 성자의 세계를 그려낼 수 없음을 실감하였기 때문입니다. 나를 조금이라도 드러내는 표현, 자랑 섞인 표현인 '선생님, 교수님, 법사님' 등 아상의 산물을 도저히 사용할 수 없었습니다.

그렇다면 과연 '나의 진실한 모습'은 무엇인가?

고민 끝에 나는 외람되지만 나를 '천하의 효자'라고 소개하기로 결론지었습니다. 모진 역경 속에서도 끝까지 어머니에 대한 효심을 잃지 않았던 사람, '효자'로 나를 소개하고자 합니다.

나는 40대 중반, 학자로서 논문을 활발히 쓰며 인생의 전성기를 누리고 있었습니다. 그때 뜻하지 않은 불행이 닥쳤습니다. 어머니가 고관절 수술을 하신 이후로, 만 10년간 자리에 누워지내게 되신 것입니다. 노인 요양 시설이 전무하던 1987년, 형편상 어머니의 대소변을 받아내는 일은 오롯이 나의 몫이었습니다.

특히 치매가 극심해진 후반 5년의 고통은 이루 말할 수 없었습니다. 비정상적 행동이 비일비재하여 육체적 고통은 날로 심각해졌고, 병 수발을 하느라 사생활은 완전히 중단되었습니다. 친구를 만나지 못하는 것은 물론, 위급한 상황이 닥쳐 수업을 중단하고 집으로 달려가야 하는 일도 다반사였지만 그마저도 힘든 일에 속하지 않았습니다.

무엇보다 힘든 것은 촉망받던 학자로서의 모든 꿈을 포기해야 했다는 사실이었습니다. 이것이 나를 가장 힘들고 우울하게 하였습니다.

나는 이 모든 역경을 잘 견디며 10년을 병 수발했다고 해서 스스로를 효자라 자처하지는 않습니다. 그 정도 고난을 겪으면서 부모에게 효도하는 사람은 효도의 왕국인 대한민국에 비일비재할지도 모릅니다.

하지만 외람되게도 내가 감히 '천하의 효자'라 말할 수 있는 근거는, 이런 천형天刑 같은 고통 속에서도 10년 내내 어머니나 주위 사람을 전혀 원망하지 않고, '어머니가 속히 건강을 회복하여 부처님 전에 복 많이 지으시기를 발원'하는 기도를 한순간도 멈춘 적이 없었기 때문입니다.

또한 가까운 사람들이 잔인하게 병 수발을 외면했어도, 이 역시 내 숙세宿世(전생)에 지은 악업 때문이라 생각하며 증오의 마음을 참회했기 때문입니다. 바로 이 두 가지가 나 스스로를 대견하게 여기게 된 점이고, 누가 나를 '천하의 효자'라고 하여도 부인하지 않겠다는 근거입니다.

그런데 나는 어떻게 그 모진 역경을 견디며 효심을 잃지 않은 사람이 될 수 있었을까?

과거 중고교 시절을 되돌아보면, 나는 참으로 완벽한 이기주의자였고 내 몸밖에 모르는 졸장부였습니다. 나의 이익을 조금이라도 건드리면 불같이 화를 내곤 했기에, 스스로 생각해도 효자나 열사의 반열에는 결코 오를 수 없는 사람이라 여겨왔습니다. 물론 학창 시절, 부모님 속 썩이지 않는 모범생이라는 칭찬을 듣긴 했지만, 단지 그것만으로 감히 '천하의 효자'라는 말을 듣는 것은 천부당만부당한 일이라 생각했습니다. 그러기에 나는 진정한 효행과는 거리가 먼 사람이라 믿고 있었습니다.

그러나 이 책 《참 영원한 성자들의 크신 사랑》에 나오는 두 스승님과의 만남, 그리고 나를 구제하려는 그분들의 헌신적인 자비 원력 덕분에 나는 비로소 변할 수 있었습니다.

　나를 완전히 변화시킨 그 큰 힘이 있었기에, 10년이라는 병 수발의 인고 속에서도 어머니와 주위 사람들에게 짜증 한 번 내지 않고 오로지 어머니의 쾌유만을 기원할 수 있었습니다. 이것이 바로, 내가 '심청이 못지않은 효자'라 불린다 하여도 굳이 사양하지 않겠다고 결론지은 이유입니다.

최의식 선생님께서 보낸 연하장*

김원수 선생님께서 건강하시고 다복하시기를 기원합니다. `

　우리의 영원하신 스승님이신 백성욱 박사님과의 법연法緣으로 선생님과 같은 훌륭하신 분을 뵙게 됨을 감사하오며, 더욱이 백 선생님의 유훈遺訓을 받들어 여러 대중에게 가르치시니 참으로 감사합니다.

　저는 평생 저의 행동지침으로 '이 일을 백 선생님께서도 (손석재 선생님께서도) 기뻐하실지'를 먼저 마음으로 여쭈어보고 기뻐하시는 일만 하고자 힘써왔사오나, 그것은 참으로 대단히 어려웠습니다. 그러나 정성을 다하고자, 열심히 노력하며 최선을 다하고자 합니다.

* 최의식 선생님께서는 해마다 연하장을 정중하게 써서 저자 김원수에게 보냈다.

그래서 이다음에 백 선생님을 뵈올 때 백 선생님께서 저에게,

"그대가 잘한 것은 없으나 정성스럽게 애 많이 썼다. 이리 오너라. 법法이다. 보아라!"

라는 따뜻하신 말씀으로….

그 따뜻하신 손을 일제 암흑시대 치악산 상원사에서와 같이, 저의 머리 위에 올려 쓰다듬어 주실 것을 믿습니다.

상원사에서 그때는 "내가 그대 정신의 아버지다"라고 말씀하셨습니다.

1997년 원단元旦

최의식 근배 예